CLAUDIA STEINER,
ANDREAS SPERNOL, PHILIPP MOSER

SUP
GUIDE
KÄRNTEN

die besten **EINKEHR-TIPPS**

IMPRESSUM

1. Auflage Oktober 2020

© 2020 **THOMAS KETTLER VERLAG**
Von-Hutten-Str. 15
D-22761 Hamburg
Tel. +49 (0)40 39 10 99 10
www.thomas-kettler-verlag.de
www.sup-buch.de

Text: Claudia Steiner, Andreas Spernol, Philipp Moser
Fotos: Claudia Steiner, Andreas Spernol, Philipp Moser
Titelfoto: *Strandbad am Keutschacher See,* **Claudia Steiner**

Lektorat & Textergänzung: Thomas Kettler
Karten: StepMap, David Schwinn, Carola Hillmann
Illustrationen Paddeltechnik: Klaus Mumm
Layout & Konzept: Carola Hillmann
Layout Design: Nicole Laka
Satz: Nicole Laka, Carola Hillmann
Druck & Gesamtherstellung: LEGRA Sp. z o.o., Krakau

Weitere Bildnachweise (o. = oben, m. = mitte, u.= unten, l.=links, r.=rechts):
Seite 5, 7, 8, 9, 17, 104-105, 106 o., 106 u., 109, 111 u., 112: ©Glory Boards
Seite 18-19, 26: ©Weissensee Information / Martin Steinthaler, tinefoto.com;
Seite 23 o.: ©Weissensee Information / Dietmar Denge; Seite 23 u.: ©www.seehotelenzian.at;
Seite 32: Alpen Adria Hotel; Seite 41: ©Fischimbiss im Garten; Seite 44-45, 49, 51: ©Hotel
Hochschober – GLEISSFOTO; Seite 46: ©Hotel Hochschober; Seite 68: ©Tandem-Air;
Seite 90 o.: ©www.diestrandbar.at; Seite 90 u.: Camping Poglitsch; Seite 100: ©Gasthaus Kupper;
Seite 103 u: ©electric garden / Laurent Lecorcq; 111 o.: ©electric garden / Uwe Brandl;
Seite 125 o.: ©Kuratorium Pfahlbauten; Seite 126 o.: ©Mothe's Buschenschank;
Seite 126 u.: ©SUP & smile; Seite 141 l.: ©Jürgen Lamprecht, jl.photography;

Bildnachweise Wikimedia Commons: (o.=oben, m=mitte, u.=unten, l.=links, r.=rechts)
Seite 21: ©joadl; Seite 30, 81 l.: Naturpuur; Seite 47: Kmarka; Seite 48 u., 62: Benreis; Seite 70, 89 l., 94 u.,
107, 125 m., 125 u.: Johann Jaritz; Seite 80: Hrald / Steiner; Seite 82 u.: Dirk Vorderstraße;
Seite 85: Daniel Kattnig; Seite 108: Johann Schwarz from Gumpoldskirchen; Seite 117: Kelzm01

Bibliografische Information der Deutschen Nationalbibliothek
Die Deutsche Nationalbibliothek verzeichnet diese Publikation in der Deutschen Nationalbibliografie;
detaillierte bibliografische Daten sind im Internet über *http://dnb.d-nb.de* abrufbar.

Alle Angaben zu Preisen, Adressen, Telefonnummern und sonstige Angaben wurden nach bestem
Wissen erstellt. Eine Garantie für ihre Richtigkeit kann vom Verlag / Autor jedoch nicht übernommen
werden. Sowohl Verlag als auch Autor lehnen im Falle eines Unfalls jegliche Haftung ab.

ISBN 978-3-934014-86-2

INHALTSVERZEICHNIS

VORWORT 4
TOURENPLANUNG 6
WIND UND WETTER 7
DIE SUP-AUSRÜSTUNG 9
   SUP-BOARDS 10
   SUP-PADDEL 11
   LEASH 12
   TRANSPORT & LAGERUNG 12
SUP-PADDELTECHNIK 13
LITERATUR-TIPPS 17

SUP-TOUREN IN KÄRNTEN

Ort	Anspruch	Einkehr	Seite
WEISSENSEE	ꝑ–ꝑꝑꝑ	🍺🍺🍺	18
PRESSEGGER SEE	ꝑ	🍺	28
MILLSTÄTTER SEE	ꝑ–ꝑꝑ	🍺🍺🍺	36
TURRACHER SEE	ꝑ	🍺🍺	44
FALKERTSEE	ꝑ	🍺🍺🍺	52
AFRITZER SEE	ꝑ	🍺	60
OSSIACHER SEE	ꝑꝑ	🍺🍺🍺	66
DRAU: VILLACH – ST. NIKLAS	ꝑꝑ	🍺	76
FAAKER SEE	ꝑ	🍺🍺🍺	86
FORSTSEE	ꝑ	🍺	96
WÖRTHERSEE	ꝑ–ꝑꝑꝑ	🍺🍺🍺	104
LENDKANAL	ꝑ	🍺🍺	114
KEUTSCHACHER SEE	ꝑ	🍺	122
FEISTRITZER STAUSEE	ꝑꝑ	🍺	130
KLOPEINER SEE	ꝑ	🍺🍺🍺	138

DIE AUTOREN 148
REGISTER 150
BINNENSCHIFFFAHRTSZEICHEN .... KLAPPE VORNE
SYMBOLERKLÄRUNG .... KLAPPE HINTEN INNEN

ꝑ =ANSPRUCH DER TOUREN   🍺 =EINKEHRMÖGLICHKEITEN

VORWORT

Kärnten, das südlichste Bundesland Österreichs, hat allen SUP-Begeisterten eine Menge zu bieten. Aufgrund der südlichen Lage kann man hier im Vergleich zum übrigen Bundesgebiet im Sommer mit überdurchschnittlich hohen Temperaturen und vielen Sonnenstunden rechnen – in manchen Gebieten bis zu 2.200 Sonnenstunden pro Jahr! Die zahlreichen Kärntner Seen zählen zu den wärmsten in Österreich, so kann die Paddelsaison früh im Jahr beginnen und bis in den Spätherbst hinein dauern. Innerhalb des Bundeslandes warten äußerst abwechslungsreiche Paddelspots nur darauf erkundet zu werden. Von der langen sportlichen Tour am fjordähnlichen Weissensee, der Genusspaddeltour zwischen den Almen am Falkertsee bis hin zum Nacktpaddeln auf dem Forstsee – in Kärnten ist das alles möglich! Und die meisten Spots sind von Klagenfurt oder Villach aus in maximal einer Autostunde zu erreichen.

Unsere Angaben zur Tourdauer basieren auf einer Geschwindigkeitsannahme von etwa 3 km/h – da Kärnten ja ein Genussland ist!

Für alle die noch kein eigenes Board besitzen, gibt es fast überall an den Gewässern die Möglichkeit, ein passendes Brett auszuborgen. Auch spezielle Bretter wie River-Boards, Yoga-Boards und Fishing-Boards kann man hier für ein paar Stunden ausprobieren. Des Weiteren hat man auch die Möglichkeit geführte Touren, Fitness- oder Yoga-Kurse zu buchen. Also schnappt Euch Brett und Paddel und genießt die Kärntner Landschaft aus einer anderen Perspektive und trainiert gleichzeitig Körper, Geist und Seele. Nach dem Workout solltet Ihr Euch auf keinen Fall die „Kärntner Schmankalan", wie die Köstlichkeiten aus Kärnten und dem Alpe Adria Raum genannt werden, entgehen lassen.

Wir wünschen allen sonnige, aktive und genussvolle Stunden im Land der Berge und der Seen!

Claudia, Phillip, Andreas

Da auch viel im „Corona-Sommer 2020" recherchiert wurde, können die genannten Öffnungszeiten vom „Normalbetrieb" abweichen. Bitte erkundigt Euch vor Eurer Tour sicherheitshalber nochmal. Und nicht vergessen – vielerorts empfiehlt es sich zur Zeit immer die Einkehr oder den Campingplatz zu reservieren.

TOURENPLANUNG

Die im Buch beschriebenen Touren sollen Euch natürlich alle relevanten Infos und Tipps zu den zahlreichen Kultur- und Kulinarik-Highlights geben.

Viele der Spots sind mit öffentlichen Verkehrsmitteln erreichbar, wir haben immer die Anfahrt von der nächst größeren Stadt aus beschrieben.

Bahnhof-Shuttle: Das Land Kärnten bietet einen tollen Service für Besucher, die mit Bus oder Bahn nach Kärnten reisen: Günstige Shuttles bringen Euch von den Bahnhöfen **Spittal an der Drau, Greifenburg-Weissensee, Villach, Hermagor, Velden, Pörtschach, Klagenfurt, Völkermarkt-Kühnsdorf, St. Veit an der Glan, Treibach-Althofen, Friesach, Oberdrauburg, Mallnitz** und **Lienz in Osttirol** direkt zu rund 6.000 Unterkünften oder zu einem der rund 300 Ausflugsziele in Kärnten. Bahnhof-Shuttle Hotline: Telefonische Buchung Mo-Fr von 8-16 Uhr: +43 (0)4242 420 00 24, www.bahnhofshuttle.at

Kärnten Card (www.kaerntencard.at): Bei längeren Aufenthalten macht der Kauf der Karte Sinn, da man viele Sehenswürdigkeiten vergünstigt oder gratis besuchen kann. Außerdem bekommt man Rabatt auf Bergbahnen, Schifffahrtslinien, Panoramastraßen, Erlebnisbäder, ... Erhältlich ist die Karte bei vielen Verkaufsstellen in ganz Kärnten – wie zum Beispiel in den Tourismusbüros.

Viele der Kärntner Seen verfügen über freie Seezugänge. Da die Kärntner Regierung immer wieder neue kostenlose Zugänge eröffnet, ist es ratsam, sich vor jeder Tour auf der Homepage des Landes Kärnten (www.ktn.gv.at/freierseezugang) genau zu erkundigen, wo sich aktuell die beste freie Einstiegsstelle befindet und wie sie bezüglich Parkplätzen und Sanitäranlagen ausgestattet ist.

Bei einigen Touren bietet es sich aber auch an, den Tageseintritt in einem der zahlreichen Strandbäder zu entrichten und nach der Tour den Tag auf der Liegewiese ausklingen zu lassen. Das direkte Anlanden an Strandbädern ist an sich nicht erlaubt. Wer trotzdem an Land gehen möchte, sollte sich umgehend bei der Kassenstelle melden und gegebenenfalls den Tagestarif bezahlen bzw. in der dortigen Gaststätte etwas konsumieren. Wir raten davon ab, die Tour von einem privaten Gelände aus zu starten. Dies kann mit saftigen Geldbußen einhergehen.

WICHTIGES FÜR DEN SUPLER

- » Auch wenn sich in Kärnten zu jeder Jahreszeit verlockende Aussichten zum Paddeln bieten, sollte man sich stets der Jahreszeit entsprechend vorbereiten und ausrüsten.
- » Nicht nur das Board sollte an die Anforderungen der Tour angepasst sein, auch die eigene Kondition und die Tagesverfassung sollten von Euch richtig eingeschätzt werden.
- » Keinesfalls empfindliche Uferbereiche als Einstiegsstellen benutzen!

- » Größere Touren/Seequerungen am besten immer in der Gruppe absolvieren!
- » Sonnenschutz, Wechselkleidung und ausreichend Flüssigkeit gehören, wie auch ein Handy, unbedingt ins Drybag.
- » Auch wenn es manchmal verlockend ist - seht unbedingt von Erkundungstouren durch die oft romantisch erscheinenden Schilfgürtel und Naturschutzgebiete ab. Diese dienen vielen geschützten Tierarten als Brutstellen und Rückzugsorte.

WIND UND WETTER

Manchmal schlägt das Wetter plötzlich um und es ziehen starke Winde auf. Bei Wellengang lässt sich das Board oft nicht mehr wie gewohnt manövrieren und man gerät mitunter schnell in Seenot. Die österreichische Wasserrettung appelliert, stets auf das lokale Wetter zu achten und bei herannahenden Unwettern von einer Ausfahrt auf den See abzusehen. Im Zuge der Kooperation zwischen der Zentralanstalt für Meteorologie und Geodynamik (ZAMG) und der Wasserrettung, versucht man vor Unwettern und Stürmen zu warnen. Auf den Einsatzbooten bzw. in einigen Strandbädern sind gelbe Signalleuchten installiert, die als Sturmwarneinrichtung fungieren. Ziehen dann Gewitter auf - lokale Gewitterzellen sind manchmal wirklich heftig - sollte man sich flach aufs Brett legen, dieses als Schwimmkörper nutzen und umgehend das Ufer ansteuern und zwar das in unmittelbarer Nähe befindliche.

Windstärke wird in Beaufort angegeben. Der Beauford grad reicht von **1 = leichter Windzug** bis **12 = Orkan**.

In den Sommermonaten rücken die ehrenamtlich tätigen Rettungsschwimmer zu zahlreichen Sturmwarnfahrten oder Unwettereinsätzen aus und retten Menschen aus dem Wasser. Sollet Ihr jemanden in Not bemerken, verständigt bitte umgehend die Wasserrettung NOTRUF 130 (gilt für Kärnten. Alternativ Rettungsdienst 144 oder Euro-Notruf 112). Wichtig ist in jedem Fall, sich selbst nicht in Gefahr zu begeben und den in Not Geratenen nicht aus den Augen zu verlieren.

In Kärnten sind die Windgeschwindigkeiten aufgrund der Becken- und Tallagen generell schwächer ausgeprägt als in anderen Regionen Mitteleuropas. Die durchschnittliche Windgeschwindigkeit beträgt wegen der abgeschirmten Lage des südlichsten Bundeslandes und abhängig von der regionalen Geographie, nur um die 5 km/h (1 Beaufort). Jedoch nimmt die Windgeschwindigkeit mit zunehmender Höhe stetig zu, so dass an Gebirgsseen wie dem Falkertsee oder dem Turracher See, auch Winde mit durchschnittlich über 15 km/h (ab 3 Beaufort) auftreten können. Daher sollte jeder Paddler neben einer generellen Wetter-App (MORECAST, Regen-Alarm) auch eine Wind-App abrufbar haben (Windy, Windfinder, etc.), wobei sich die Zusatzfeatures der entgeltlichen Pro-Versionen auf jeden Fall auszahlen. Eine verlässliche Informationsquelle ist auch die Zentralanstalt für Meteorologie und Geodynamik (ZAMG – www.zamg.at).

Beste Tageszeit: Die ruhigsten Touren genießt man stets am Morgen. In vielen Revieren kann es ab Mittag zu thermischen Winden kommen, welche naturgemäß mehr Paddeleinsatz abverlangen. Unter Einhaltung der allgemeinen Sicherheitstipps steht aber einer schönen SUP-Tour nichts im Wege!

Windy www.windy.com
Windfinder www.windfinder.com

DIE SUP-AUSRÜSTUNG

Es gibt kein schlechtes Wetter, nur schlechte Ausrüstung. Prinzipiell kann man zu jeder Jahreszeit auf Tour gehen, wenn man einige wichtige Punkte bezüglich der Ausrüstung beachtet.

Der Frühling in Mitteleuropa beschert uns in manchen Jahren schon im März Temperaturen um 20°C und mehr. Wer sich so früh im Jahr schon für eine SUP-Tour entscheidet, muss sich bewusst sein, dass das Wasser noch lange nicht warm genug ist, um in T-Shirt und kurzer Hose reinfallen zu können. Auch bei Schönwetter stets im Neoprenanzug (ggf. im Trockenanzug) sowie Neoprenschuhen aufs Board!

Je nach Gewässereigenschaft, Wetter, Wassertemperatur und eigener Leistungsfähigkeit ist zu jeder Jahreszeit eine Schwimmweste notwendig.

Auch die Sonneneinstrahlung ist nicht zur unterschätzen und eine gute Sonnencreme auf Gesicht und Hände somit empfehlenswert.

Im Sommer gilt es vor allem stets den gesamten Körper, unabhängig vom Hauttyp, gut vor intensiver Sonneneinstrahlung zu schützen und immer genug Trinkwasser mitzuführen. Mindestens ein halber Liter pro geplanter Stunde am Wasser ist an heißen Tagen ein Muss. Sinnvoll ist es ferner, Badeschuhe, Sonnenbrille, Kopfbedeckung sowie ein Handy mitzuführen. Dieses sollte ohnehin immer mit auf Tour, denn es kann, etwa beim Rufen um Hilfe oder Abrufen von Wetterinfos, zum Lebensretter werden. Mittlerweile gibt es spezielle Handyhüllen, welche im Drybag das Handy zusätzlich schützen. Auf die Packliste fürs Drybag sollte auf jeden Fall auch ein Handtuch und Wechselkleidung.

Der Herbst bietet oft noch lange ideales Schönwetter, jedoch sind die Wassertemperaturen bereits deutlich kühler und es sollten ähnliche Vorkehrungen wie im Frühjahr getroffen werden. Wer eine große Trockentasche (Fassungsvermögen von 20 Litern oder mehr) hat, kann auch Wechselkleidung für Schön- und Schlechtwetter mitführen. Im Winter werden ein Trockenanzug sowie darunter atmungsaktive Sportunterwäsche und bei Bedarf zusätzlich leichte Sportbekleidung getragen. Der Trockenanzug hält jedoch nicht nur trocken, sondern auch warm. Daher am besten verschiedene Kombinationen bei unterschiedlichen Temperaturen vorab testen.

Zu jeder Jahreszeit sollte ein Reparatur-Set & eine Leash pro Board mit auf Tour.

Die Stehpaddel-Ausrüstung besteht neben der entsprechenden Kleidung aus **SUP-Board, Paddel** und **Leash**. Die Wahl des SUP-Boards hängt vom Einsatzbereich ab.

SUP-BOARDS

Generell unterscheidet man zwischen festen Hardboards und aufblasbaren Boards, auch iSUPs (inflatable) genannt. Das Angebot an unterschiedlichen Boards und Marken ist mittlerweile riesig und vor allem für Einsteiger unübersichtlich, da jedes Board besondere Vor- und Nachteile aufweist.

So sind Hardboards deutlich teurer und sperriger und können nur per Dachgepäckträger oder PKW-Anhänger transportiert werden. Andererseits zeichnen sie sich auf dem Wasser durch bessere Gleiteigenschaften und vor allem beim Surfen durch mehr Wendigkeit aus.

Hingegen sind iSUPs teils schon sehr günstig zu erwerben, müssen aber vor dem Einsetzen zuerst aufgepumpt werden. Es gibt jedoch auch elektrische Pumpen, am KFZ anschließbar oder mit Akkus zu betreiben. Je nach Hersteller und Volumen des Boards, sollte das Board bis zu einem Druck von 15-18 psi (1 bar = 14,504 psi) aufgepumpt werden, um die nötige Steifigkeit zu gewährleisten. Bei zu wenig Luftdruck hängt das Board wie eine Banane nach unten durch, wird aufgrund des hohen Widerstandes sehr langsam und ist schwer zu manövrieren. Aufblasbare SUPs sind dennoch stabil und federn Stöße leichter ab, wenn man gegen ein Hindernis fährt. Beim Sturz vom Board ist zudem die Verletzungsgefahr geringer, weshalb sich iSUPs vor allem für Einsteiger und Kinder bestens eignen.

SUP-Boards gibt es für unterschiedliche Gewässer und Zwecke. Je mehr Volumen und Breite, desto stabiler. Je länger und schmaler, desto kippeliger aber auch schneller gleiten sie übers Wasser. Am besten, man testet vor dem Kauf einige Boardvarianten an Vermietstationen oder bucht geführte Touren, um dann die beste Entscheidung zu fällen.

ALLROUND-BOARDS

Diese klassischen Einsteigerboards sind beinahe oval geformt. Dabei ist die Mitte des Bretts um den Haltegriff herum relativ breit und das vordere Ende (Nose) rundlich geformt. Eine hohe Stabilität und Wendefreudigkeit ist gewährleistet, jedoch gepaart mit Einbußen bei Geschwindigkeit und Spurhaltung (man muss öfter die Paddelseite wechseln). Somit ist das Allround-Board auch gut für Kinder geeignet und kann sinnvollerweise auch zu einem herausfordernden Bodyweight Workout am Wasser benutzt werden.

TOURING-BOARDS

Touring-Boards sind im Vergleich dazu deutlich länger und schmaler sowie an der Nose spitzer geformt. All diese Eigenschaften lassen ein schnelleres Gleiten mit weniger Paddelseitenwechsel zu. Idealerweise werden diese Bretter für längere Touren genutzt, da der Paddelaufwand geringer ist und somit auf langen Strecken Kraft gespart werden kann. Touring-Boards können durchaus auch auf fließenden Gewässern gefahren werden, wenn es die Revierbedingungen zulassen. Da sie aufgrund ihrer schmaleren Bauweise kippeliger sind, sollte man sich dennoch erst auf Allround-Boards einfahren, bis man sich genügend Balance „erarbeitet" hat. Die Abmessungen von Touring-Boards sind in etwa: Länge zwischen 12' und 14', Breite 29" bis 31" sowie Dicke zwischen 5,5" und 6,5". SUP-Maße sind immer in Feet + Inches angegeben.

SUP-FINNEN

Ohne Finne geht gar nichts, denn sie garantiert die Spurhaltung im Wasser, das Board würde beinahe unsteuerbar sein und bei jedem Paddelschlag die Richtung wechseln. Je nach Anbieter findet man an den meisten Boards entweder eine oder drei Finnen, welche am Heck (Tail) befestigt werden/sind. Einige Boards haben die Finnen schon fest eingebaut, bei anderen Modellen muss man sie vor dem Einstieg ins Wasser selbst anbringen. Hier bietet sich auch die Möglichkeit, Anzahl und Größe der Finnen für das jeweilige Gewässer zu wählen.

SUP-PADDEL

Paddel sind stets höhenverstellbar, um sie an verschiedene Körpergrößen, aber auch an unterschiedliche Fahrstile anzupassen. Aluminium-Paddel sind zwar günstige Einsteigermodelle, müssen aber Abzüge bezüglich Kraftübertragung und Steifigkeit hinnehmen. Vorsicht ist auch geboten, wenn diese zu lange im

Wasser schwimmen. Sobald der Schaft mit Wasser vollgelaufen ist, kann das Paddel blitzschnell sinken und verloren gehen.

Carbon- und Bambuspaddel sind High-End-Paddel mit hoher Steifigkeit und Kraftübertragung sowie einem deutlich leichteren Gewicht. Allerdings sind diese extrem empfindlich und kleine Stöße und Schläge können irgendwann beim Paddeln zum Brechen des Schaftes führen. Die goldene Mitte zwischen Alu und Carbon findet man beim Fiberglas-Paddel.

LEASH

Die Leash verbindet das Board mit dem SUPler. Dabei wird diese mittels schnell zu öffnendem Klettverschluss entweder am Sprunggelenk oder am Unterschenkel unterm Knie befestigt, damit beim Sturz ins Wasser das Board nicht abtreiben kann und der Sportler stets in Verbindung mit dem SUP bleibt.

Auf den hier im Buch vorgestellten stillen Gewässern ist der Wert einer Leash unbestritten.

TRANSPORT & LAGERUNG

Aufblasbare SUPs und auch viele Hardboards verfügen über einen Tragegriff um den Schwerpunkt des Boards herum, womit man es leicht, zwischen Oberkörper und Arm geklemmt, tragen kann. Je nach Board variiert das Gewicht zwischen 7-10 kg. Wer an Land längere Strecken mit dem Board zurücklegen muss, kann dies mit einem SUP-Tragegurt oder einem SUP-Transportwagen tun.

Sehr ergonomisch ist natürlich das Tragen des zusammengefalteten iSUPs im dazu vorgesehenen Rucksack, wie es die meisten Hersteller zum Verkauf anbieten. Wer die Möglichkeit hat sein iSUP mit einem Gepäckträger zum Surf-Spot zu transportieren, sollte dies auch tun. Es ist besser für den Kleber und das Material, wenn das Board aufgepumpt bleibt. Die Winterlagerung erfolgt im leicht aufgepumpten Zustand, sodass das Material nicht zu starker Dauerspannung ausgesetzt ist. Gerade bei iSUPs sollte man zu langes Lagern in der prallen Sonne vermeiden.

Mittlerweile gibt es auch recht brauchbare, mobile Gepäckträgersysteme (soft racks), welche schnell auf- und abmontiert werden können. Diese sind meist deutlich günstiger als fix verbaute Dachgepäckträger, jedoch weniger belastbar bzw. instabiler und kaum für Fahrten auf der Autobahn geeignet.

SUP-PADDELTECHNIK

ERMITTLUNG DER RICHTIGEN PADDELLÄNGE

Stell das Paddel neben Dich, strecke Arm und Hand (der Arm ist dabei fast durchgestreckt) entlang des Paddelschaftes nach oben und lege jetzt die Hand um den Griff. Je länger das Paddel, umso aufrechter die Standposition auf dem Board. Wenn ich sportlicher fahren möchte, wähle ich einen kürzeren Schaft.

PADDELHALTUNG

Die richtige Griffbreite ermitteln – Mit der einen Hand den Knauf umfassen, mit der anderen den Schaft. Paddel so auf den Kopf legen, daß die Unterarme im rechten Winkel nach oben zeigen.

ERSTE VERSUCHE

Wer seine ersten Versuche auf einem SUP-Board bestreitet, kann erstmal kniend starten, um ein Gefühl für sich und das Board zu bekommen. Hierzu etwa in die Mitte des Boards mit Blick nach vorne hinknien. In aufrechter Haltung mit beiden Händen am Paddelschaft vorwärts paddeln. Nach der Eingewöhnung aufstehen und mit der oberen Hand den Knauf greifen.

VORWÄRTSSCHLAG

Mit Blick nach vorne (Richtung Bug) stehen wir mit paralleler Beinstellung etwa in der Mitte des Boards. Die Trageschlaufe dient hier als Anhaltspunkt. Das Paddel wird weit vorne und nahe neben dem Board eingetaucht. Dabei ist der untere Arm (Hand am Schaft) nahezu gestreckt und der obere Arm (Hand auf dem Griff) leicht angewinkelt. Erst wenn das Paddel komplett im Wasser ist, wird der eigentliche Paddelzug eingeleitet.

Jetzt wird das Paddel in gerader Linie neben dem Board bis zum Körper (Füße) durchgezogen, wobei der Paddelschaft immer in einem sehr steilen Winkel (von vorne oder hinten gesehen) zum Wasser bleiben sollte. Dabei wird der obere Arm gestreckt und der untere Arm leicht angewinkelt.

Vorwärtsschlag von der Seite gesehen

Knapp hinter dem Körper wird das Paddel aus dem Wasser genommen und mit horizontal gedrehter Blattfläche wieder nach vorne in die Eintauchposition geführt. Durch Rotation des Oberkörpers während des Durchziehens des Paddels wird die Wirkung (Kraft nach vorne) gesteigert (Schulter auf der Paddelseite ist beim Eintauchen leicht nach vorne und beim Ausheben des Paddels leicht nach hinten gedreht).

Je besser ich mein Paddel im Wasser „verankere" (Widerstand des Wassers nutzen), desto effizienter ist die Bewegung des Boards nach vorne.

Vorwärtsschlag von vorne gesehen

Bewegungsablauf Vorwärtsschlag

VORWÄRTS FAHREN

Um „Kurs zu halten" und ungewollte Kurvenfahrt zu vermeiden ist es hilfreich, auf ein anvisiertes Ziel in der Ferne zuzuhalten und nach mehreren Schlägen immer mal wieder die Seite zu wechseln.

KURVEN FAHREN

Hier kann als leicht zu lernende Technik der Bogenschlag angewendet werden. Das Paddelblatt wird möglichst weit vorne direkt am Bord eingesetzt und dann in einem weiten Bogen am Körper vorbei bis nach hinten ans Heck durchgezogen. Je weiter ich bei diesem Manöver hinten auf dem Board stehe, umso effizienter wird der Bogenschlag.

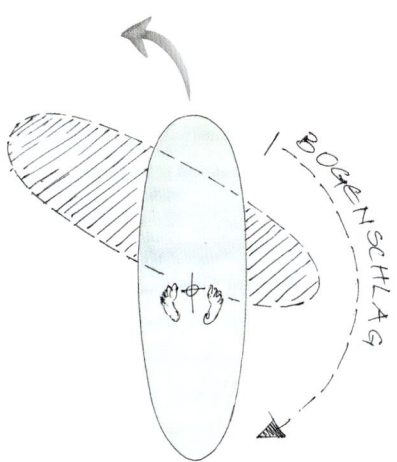

Als fortgeschrittene Technik kann auch der sogenannte Crossbow-Turn eingesetzt werden. Hier wird das Paddel aus

SUP-PADDELTECHNIK

Crossbow-Turn

der Fahrt heraus auf der Gegenseite des Boards – unter Beibehaltung der ursprünglichen Paddelhaltung – möglichst weit außen in einem Winkel von rund 45 Grad zum Board eingesetzt und dann in einem Bogen vorne über den Bug wieder auf die ursprüngliche Paddelseite geführt. Mit dieser Übergriff-Technik kann das Board mit einem Schlag um 180° gedreht werden.

PADDELN BEI GEGENWIND

Wer gegen den Wind ankommen möchte, macht sich klein – bis hin zum Paddeln im Knien. Auf diese Weise reduziere ich den Luftwiderstand. Die Griffhand greift dabei weiter unten am Schaft.

DOWNWIND-PADDELN

Das SUP-Paddeln mit ordentlich Wind im Rücken gilt als die Königsdisziplin auf dem See und bleibt erstmal dem wirklich Erfahrenen vorbehalten. Es erfordert eine an Wind und Wellen angepasste Fußstellung. Um ein Bohren des Bugs zu verhindern, versetzt man einen Fuß nach weiter hinten. Je mehr Wind, desto weiter hinten steht man. Mit dem Paddel im Wasser kann das Board in den Wellen stabilisiert werden.

ZU GUTER LETZT

» Schwach motorisierte Wasserfahrzeuge „schleichen" sich gerne unbemerkt von hinten an, so dass es sinnvoll ist, sich immer wieder mal umzudrehen.

» Im Falle eines Sturzes ins Wasser zuerst zum Board schwimmen, bevor der Wind dieses abtreibt (eine Leash verhindert das!), dann das Paddel bergen.

» Nie das Board verlassen um zum Ufer zu schwimmen, denn es ist auch Deine „Rettungsinsel"!

» Führe möglichst immer ein wasserdicht verpacktes Handy mit, um im Notfall Hilfe rufen zu können.

BUCH-EMPFEHLUNGEN

Literatur-TIPPS

SUP – STAND UP PADDLING: MATERIAL - TECHNIK – SPOTS, DELIUS KLASING

KANU KOMPASS NÖRDLICHE ALPENSEEN + SUP-INFOS, 20 KANUTOUREN IN DEUTSCHLAND, ÖSTERREICH UND SCHWEIZ, THOMAS KETTLER-VERLAG

KÄRNTEN (REISEFÜHRER), GUNNAR STRUNZ, TRESCHER VERLAG

KÄRNTEN (REISEFÜHRER), SABINE BECHT, MICHAEL MÜLLER VERLAG

KÄRNTEN GANZ GEMÜTLICH: FÜR NASCHKATZEN & WASSERRATTEN, ANITA ARNEITZ, GMEINER VERLAG

ZEITSCHRIFTEN

SUP BOARD MAGAZIN (3 X IM JAHR), MSV MEDIEN BADEN-BADEN
SUP (1 X IM JAHR), DELIUS KLASING
STAND UP MAGAZIN (2 X IM JAHR), MIKE JUCKER

LINK-TIPPS

SUPSCOUT.DE - PLATTFORM FÜR SUP-SPOTS UND -TOUREN
PAGAJA.DE - BUCHUNGSPORTAL RUND UMS PADDELN
CLEANRIVERPROJECT.DE - PADDELN UND FOTOKUNST FÜR SAUBERE FLÜSSE UND MEERE

LITERATUR-TIPPS

WEISSENSEE

ANSPRUCH
🌊 — 🌊🌊🌊

EINKEHR
🍺🍺🍺

Ein besonderer Geheimtipp für Naturliebhaber ist Kärntens sauberster See am Fuße der Gailtaler Alpen! Das glasklare und knallig türkisfarbene Wasser des fjordähnlichen Sees inmitten der naturbelassenen Landschaft schenkt dem SUPler faszinierende Einblicke in die Welt der Fische und Wasserpflanzen. Wir sind uns – fast – einig: Dieser See ist der schönste von allen!

WIND & WETTER

Durch der umgebenden Berge hat der Weissensee eine besonders geschützte Lage. Daher sind im Jahresverlauf mehr Sonnentage als im Umland zu erwarten. Starke Winde sind selten, allerdings treten gelegentlich Fallwinde auf – Rückfahrt mit Linienschiff möglich.

TIPP: Auch wenn die Großwetterlage mal schlecht sein sollte, kann man hier mit ein wenig Glück dennoch einen Sonnentag genießen.

GEFAHREN

Für alle Wassersportler gilt: 30 Meter Mindestabstand vom Linienschiff!! Regelmäßiger Linienschiffsverkehr im größeren Becken östlich der Brücke. Nur 2 x tägl. im ruhigeren westlichen Teil.

ANFAHRT MIT DEM PKW

Von der Tauernautobahn (A10) an der Abfahrt „Knoten Spittal" auf die E 66 Richtung Lienz wechseln. Bei Lendorf auf die B 100 (Drautal Straße) Richtung Westen und dieser 31 km bis Greifenburg folgen. In Greifenburg hält man Ausschau nach dem Wegweiser „Weißensee", biegt scharf links ab und fährt auf der B 87 (Weißensee Straße) etwa 8 km nach Südosten bis zur Ortschaft Kreuzberg. Hier links abbiegen auf die Techendorfer Landesstraße bis man nach 4,5 km bereits in Techendorf zur Rechten die den schmalen See querende „Weißenseebrücke" erblickt. Hinter ihr an der Wegzweigung links. Rechts sieht man sofort die Weissensee-Info (Navi: Techendorf 78, 9762 Techendorf).

PARKEN

Der **gebührenpfl. Parkplatz** befindet sich hinter der Weissensee-Info.

GRATIS PARKEN

Auffangparkplatz (P1) in Praditz, weiter mit dem Naturparkbus oder zu Fuß.

ANFAHRT MIT ÖPNV

Mit der ÖBB vom Bahnhof Spittal-Millstättersee nach Greifenburg-Weissensee. Es gibt mehrere Züge die auf dieser Strecke fahren. Fahrplan beachten (www.oebb.at).

Tagesgäste fahren Jul-Anf. Sep mit dem Shuttlebus (10,-) bis Praditz am Westufer. Es empfiehlt sich, den Shuttle einen Tag im Voraus zu reservieren (Tel. +43 (0)800 500 19 05). Von hier aus zu Fuß weiter oder mit dem Naturparkbus (www.naturparkshuttle.com).

Nächtigungsgäste nutzen den Bahnhofs-Shuttle zur Unterkunft: Abholung bis 18 Uhr des Vortages reservieren (www.bahnhofshuttle.at).

BADEN

Der Weissensee ist nicht nur einer der schönsten Badeseen Kärntens, sondern auch der höchstgelegene im europäischen Alpenraum. Die Temperaturen erreichen im Sommer bis zu 26°C, das glasklare Wasser ermöglicht Sichttiefen bis zu 6 Metern und zudem hat der See Trinkwasserqualität. Das Ganze wird noch dadurch aufgewertet, dass 2/3 des Ufers völlig unverbaut sind!

STRANDBÄDER:

» **STRANDBAD WEISSENSEE** – seichter Naturstrand, SUP-Vermietung, Wassertrampolin, Tauchschule, Spielplatz, Beachvolleyball, Restaurant.

» **STRANDBAD KNALLER** – Tischtennis, Ruderbootvermietung, SB-Buffet, Tauchbasis.

» **SEECAMPING MÜLLER** – Spielplatz, Wasserrutsche, Fußballplatz, Tischtennis, Grillplatz, Hundebereich.

SEHENSWERT

» **NEUSACH:** Beim **WEISSENSEER BOOTSBAUER** erfährt man alles über den traditionellen Holzbootsbau. Nebenan Bootsverleih & Café (Bootsbau Domenig, Neusach 30, Tel. +43 (0)676 541 77 08, www.bootsbaudomenig.at).

» **GATSCHACH:** Der **BIENEN-LEHRPFAD** ist ein lehrreicher Weg zum Thema Bienen und Imkerei mit vier Erlebnisstationen und zehn schön gestalteten Schautafeln sowie Bienen-Schaustöcken (Startpunkt: katholische Kirche St. Martin).

» Das Landart-Projekt **GOLDSITZSTEINE** des bekannten oberösterreichischen Goldkünstlers Johannes Angerbauer ist ein Zeichen des Friedens und ein meditativer Ruheplatz in freier Natur. Von dem **DENK GOLD STEIN** zwischen Techendorf und Naggl eröffnet sich ein herrlicher Blick über den See (www.goldsitzsteine.com).

 EXTRA-TIPPS

» Ein breiter Weg durch ein langgezogenes Hochtal verbindet die Bootsanlegestelle Paterzipf mit den schönen Almen **HERMAGORER BODENALM** (km 3, auch Käserei, www.hermagorer-bodenalm.at) und **FISCHERALM** (km 7,3). Übernachtung & sehr empfehlenswerte Jause auf beiden Almen (Mai/Jun-Sep/Okt). Auf der Wanderung kommt man auf eine große Lichtung (km 6), wo nur noch eine einsame Kapelle an das verschwundene **WALDGLASHÜTTENDORF TSCHERNIHEIM** erinnert. Seit Beginn des 17. Jahrhunderts wurde in der ersten und damit ältesten Glashütte Kärntens Glas erzeugt. In 25 Häusern lebten rund 40 Menschen, sogar eine Schule, ein Gasthaus und die Kapelle gehörten zum kleinen Weiler. Das Aus kam in der zweiten Hälfte des 19. Jahrhunderts. Ein Naturpark-Ranger ist im Sommer jeden Donnerstag vor Ort, um Besuchern von der bewegten Geschichte dieser versteckten Almwiese zu erzählen und auf Funde hinzuweisen.

Kapelle Tscherniheim

» Eine komfortable Art den Weissensee zu erkunden, bieten die Linienschiffe der **WEISSENSEE SCHIFFFAHRT** (www.weissensee-schifffahrt.at).

» **GENUSSTOUR:** Gemeinsam mit fachkundiger Begleitung wird der Lebensraum von Bär, Luchs, Bart- & Gänsegeier erwandert. Anschließende Verkostung des berühmten Weissensee-Fisch vom Fischereibetrieb „fischart" auf dem Genuss-Floß (Reservierung erforderlich, Info: Tel. +43 (0)4713 22 20 oder info@weissensee.com).

» Macht Euch gemeinsam mit einem ortskundigen Guide auf die Suche nach **EDELKREBSEN** und erfahrt alles über diese seltene Tierart. Anmeldung bei Fischereibiologe Martin Müller: Tel. +43 (0)676 501 36 74, www.weissenseefisch.at

TOUREN

1 OSTRUNDE �"🏒 - 🏒🏒🏒

Von der Brücke in Techendorf entlang des Nordufers bis zur kleinen Steinwand, weiter nach Südosten zum Gasthof Dolomitenblick, zurück entlang des Südufers.
LÄNGE 18,5 km | **DAUER** 5-6:30 h

2 WESTRUNDE 🏒

Vom Startpunkt einmal im Uhrzeigersinn rund um das Westbecken, entlang der Brücke zurück zum Ausgangspunkt.
LÄNGE 5 km | **DAUER** 1:30 h

EIN- & AUSSTIEG
ROUTE 1 + ROUTE 2
🔴 Brücke in Techendorf.

3 SEE-LÄNGSQUERUNG 🏒🏒

(Kombitour Paddeln & Schiff)
Vom öffentlichen Einstieg am Ostufer per SUP den See entlang bis zum Gasthof Dolomitenblick, zurück per Schiff bis Techendorf Brücke, weiter mit dem SUP zum Ausgangspunkt.
LÄNGE 11,4 km | **DAUER** 3:30-4 h

EIN- & AUSSTIEG ROUTE 3
🔴 Öffentl. Parkplatz am Westufer.

SUP-VERMIETUNG

1 WATERPOINT-WEISSENSEE AKTIV
An der Brücke in Techendorf-Süd
Tel. +43 (0)660 149 15 44
www.weissensee-aktiv.com

2 BOOTSVERLEIH & CAFÉ „DAS BOOTSHAUS" (KANU + SUP)
Neusach 30, 9762 Weißensee
Tel. +43 (0)4713 21 14
www.hausammuehlbach.at

EINKEHR

1 SEECAFÉ RONACHERFELS
(Zufahrt nur für Übernachtungsgäste)
Neusach 40, 9762 Weissensee
Tel. +43 (0)4713 21 72
www.ronacherfels.at
Mai-Anf. Okt. 9-17 Uhr, Mo Ruhetag

KLASSIKER Die Lage, der Blick, der Sonnenuntergang – und die Fischsuppe!

2 GASTHOF DOLOMITENBLICK
Mösel 7, 9714 Stockenboi
Tel. +43 (0)4761 390
Tägl. 11.30-19 Uhr

KLASSIKER „Ritschert"- typischer Kärntner Gersteneintopf, hausgemachte Mehlspeisen

WEISSENSEE

3 MONI'S ECK
Techendorf 46 (Süd), 9762 Weißensee
Tel. +43 (0)664 130 78 89
Jul-Aug 10-20, Sep-Okt 10-18 Uhr

KLASSIKER Kultiger Imbiss mit den besten Pommes ever, gute Burger, auch vegetarische Gerichte

4 CAFÉ "DAS BOOTSHAUS"
Neusach 30, 9762 Weißensee
Tel. +43 (0)660 708 07 71
www.hausammuehlbach.at
Mi-Mo 11-20 Uhr

KLASSIKER Sensationell das Sushi vom heimischen Fisch!

ÜBERNACHTUNG

1 SEEAPPARTEMENTS RONACHERFELS
Neusach 40, 9762 Weissensee
Tel. +43 (0)4713 21 72
www.ronacherfels.at
Direkt am See, traumhafte abgeschiedene Lage mitten im Naturpark, Seecafé, Anlegestelle Linienschiff

2 CAMPING & FEWO RONACHER
Mösel 6, 9714 Stockenboi
Tel. +43 (0)4761 256
www.campingronacher.at
Restaurant, Laden, Wellness

3 CAMPING & FEWO KNALLER
Techendorf 61 (Süd), 9762 Weissensee
Tel. +43 (0)4713 22 34 50
www.knaller.at
Supermarkt, Frühstück & Halbpension, (E)-Fahrradvermietung, Ruderboote, Eintritt ins Strandbad für Gäste inkl.

4 FRÜHSTÜCKSPENSION SEEROSE
Techendorf 52 (Süd), 9762 Weissensee
Tel. +43 (0)4713 22 72
www.seerose-weissensee.at

5 SEECAMPING MÜLLER
Oberdorf Praditz, 9762 Weissensee
Tel. +43 (0)664 431 30 78
www.seecamping-weissensee.at

See-Sauna Hotel Enzian

6 SEEHOTEL ENZIAN
Neusach 32 9762 Weissensee
Tel. +43 (0)4713 22 21
www.seehotelenzian.at
4*-Hotel, SPA, traumhaftes Saunahaus am See, privater Badestrand, Boot- und SUP-Vermietung für Gäste.

7 HAUS AM MÜHLBACH
siehe SUP-Vermietung Nr. 2.

GAILTALER ALPEN-„FJORD" ⵜ - ⵜⵜⵜ

1 Am Fuße der Gailtaler Alpen liegt in einer Talfurche, die vor gut 12.000 Jahren von einem Seitenarm des Draugletschers ausgeformt wurde, der höchstgelegene Badesee im europäischen Alpenraum, der Weissensee.

Der viertgrößte See Kärntens ist 11,6 km lang und misst an der breitesten Stelle 900 Meter. Für Paddler ist der Weissensee im Frühling, Sommer und Herbst ein lohnendes Ziel, lediglich zwischen Dezember und März, wenn das Wasser von einer dicken Eisschicht bedeckt ist – übrigens die größte geschlossene Eisfläche der Alpen – müssen SUPler den Eisläufern den Vortritt lassen. Dieses Winterparadies diente 1986 auch als Kulisse für Szenen des James Bond Films "Der Hauch des Todes". Dabei leistet sich Bond in seinem wintertauglichen Aston Martin eine gefährliche Verfolgungsjagd mit seinen Feinden.

Unsere sommerliche Tour beginnen wir in der Ortschaft **TECHENDORF SÜD**. Direkt an der Einfahrt zum Parkplatz hinter der Touristinformation entnehmen wir einer der hölzernen Infoboxen einen kostenlosen Flyer, der zahlreiche Informationen und auch eine Karte der Region beinhaltet. Die Einstiegsstelle befindet sich bei der Brücke gleich neben dem **WATERPOINT** 🔴 **1**. Wer kein eigenes SUP-Board besitzt, kann hier eines mieten. Die Brücke, die über die schmalste Stelle am See führt und die Ortschaft Techendorf mit den südlich des

WEISSENSEE

Sees gelegenen Dörfern verbindet, wurde bereits im 11. Jahrhundert gebaut. Sie trennt den See in das wesentlich kleinere seichte, von Sumpfwiesen umgebene westliche Becken und in das weit größere und tiefere Ostbecken.

Während wir die Boards aufpumpen, beobachten wir reges Treiben auf der Brücke, von der Jugendliche unter bewundernden Blicken in den 26 Grad warmen See springen. Gleich bei der Brücke ist die Anlegestelle für die Passagierschiffe und es stellen sich bereits die ersten Fahrgäste an. Wir lassen die Boards ins Wasser und sind, auch wenn der Ort durchwegs idyllisch wirkt, skeptisch, ob wir heute tatsächlich das im Internet versprochene Natur-Juwel finden werden.

Entlang des Nordufers paddeln wir Richtung **NEUSACH**. Es präsentieren sich uns einige wunderschöne kleine Hotelanlagen mit riesigen Liegewiesen. Besonders ins Auge sticht das **HOTEL ENZIAN** ❻ mit einer traumhaften Seesauna, die auf 100 Pfählen steht. Kenner behaupten, dass es die schönste See-Sauna Kärntens sei. Mit jedem Paddelschlag scheint die Umgebung ruhiger zu werden. Hinter der **SCHIFFSANLEGESTELLE SEEFRIEDE** befindet sich die Autowendeschleife. Am Weissensee gibt es keine Straße, die das Ostufer mit dem Westufer verbindet. Von hier aus kann man nur mit dem Rad, zu Fuß, mit dem Schiff oder eben, wie wir, mit dem SUP weiter.

Es wird viel ruhiger und die Landschaft offenbart sich von ihrer schönsten Seite. Welchem Alltagslärm man permanent ausgesetzt ist, zeigt sich erst in der absoluten Stille. Und genau diese und die überwältigende Landschaft genießen wir jetzt ganz bewusst. Zwei Drittel der Ufer sind naturbelassen und werden von zum Teil steil abfallenden bewaldeten Gebirgsketten begrenzt. Dadurch erhält der See seinen einzigartigen fjordähnlichen Charakter mit dem charakteristischen Wechselspiel von Wasser, Wald, See und Berg. An der **ANLEGESTELLE RONACHERFELS** machen wir kurz Halt und heben unsere Boards aus dem Wasser, da die Anlegestelle der Weissenseeschiffe nicht blockiert werden darf. Auf der gemütlichen Seeterrasse des **CAFÉ RONACHERFELS** 1 ❶ sitzend, beobachten wir das Treiben der Fische im Wasser. Bei gutem Wetter hat man eine Sichttiefe von bis zu 10 Metern, was

Seecafé Ronacherfels

WEISSENSEE 25

den Weissensee zu einem Eldorado für Taucher macht. Die einzigartige Fischsuppe im Café Ronacherfels sollte man sich nicht entgehen lassen.

Nach der Pause paddeln wir weiter am Ufer entlang. In Ufernähe befinden sich gerade auf diesem Abschnitt zahlreiche weiße Stellen, ausgedehnte Seekreidebänke, die aus eingeschwemmten Kalkpartikeln aus den Bergen der südlichen Kalkalpen und aus Resten von Schneckenhäusern bestehen – daher rührt auch der Name Weissensee. In seiner Gesamtheit bietet der See ein eindrückliches Farbenspiel von beinah strahlendem Weiß, Hellgrün, Türkis bis Tiefblau. Wir fahren bis zur **ANLEGESTELLE KLEINE STEINWAND**. Die Anlegestellen der Schifffahrt sind oft nur ganz kleine, leicht zu übersehende Holzstege. Von ihnen aus führen tolle **WANDERWEGE** in die Umgebung. Achtung, einige davon sind nur für geübte Bergfexe geeignet. Wer ein Bad nehmen möchte, sollte jetzt hier seinen Anker auswerfen und einen Sprung ins kühle Nass wagen.

Wir beschließen an dieser Stelle den See zu queren und paddeln südostwärts zum Südufer. Dabei passieren wir auch die tiefste Stelle des Sees mit fast 100 Metern. Unsere nächste Rast legen wir beim **GASTHOF DOLOMITENBLICK** **2** ein. Auch diese Gaststätte liegt direkt am See. Alle Mehlspeisen sind hier hausgemacht – ein Hochgenuss.

Unser Rückweg führt uns am Südufer entlang. Wir bestaunen die Berge und Almen. Die Gegend ist bekannt für zahlreiche Fossilienfunde von zum Teil vollständigen Skeletten urzeitlicher Saurier. So stolperte vor einigen Jahren ein Mädchen über ein Fischfossil, das bis heute als Steinerne Forelle vom Weissensee bekannt ist.

Sollte jemandem unterwegs die Kraft ausgehen oder plötzlicher Gegenwind einsetzen, kann man bei jeder Anlegestelle das Schiff nehmen und so zurück zum Ausgangspunkt kommen. Doch wir haben heute Glück – es ist windstill. Wir passieren die Anlegestellen **PATERZIPF** und **NAGGL** und kehren zurück zum **AUSGANGSPUNKT** 🔴.

Unsere anfängliche Skepsis hinsichtlich der Vereinbarkeit von Tourismus und Naturbelassenheit ist nach dem heutigen Paddelerlebnis vollständig verschwunden – Nachhaltigkeit wird in dieser Region ganz eindeutig GROSS geschrieben. Wer nach der langen Tour vom Hunger geplagt wird, dem sei ein kurzer Stopp bei **MONI´S ECK** 3 geraten. Neben Imbissspezialitäten offeriert die sympathische Inhaberin auch ein täglich wechselndes Gericht, immer auch mit vegetarischer Alternative.

Ergänzend bietet sich auf dem herrlichen See eine sehr gemütliche Rundtour entlang des Ufers des Westbeckens an. Hier passiert man die Ortschaften **OBERDORF, GATSCHACH** und **TECHENDORF**.

Eine weitere Möglichkeit ist die Längsquerung des Sees ab **PRADITZ /SEECAMPING MÜLLER** 5 von West nach Ost. Zurück geht es dann entweder mit dem Schiff bis Techendorf und noch ein kleines Stück mit dem Board, oder – deutlich sportlicher – die gesamte Strecke per Board.

PRESSEGGER SEE

ANSPRUCH | EINKEHR

„Badewanne des Gailtals" wird der See von Einheimischen gerne genannt. Und tatsächlich erwärmt sich der durchschnittlich dreieinhalb Meter tiefe See schon früh im Jahr, im Hochsommer locker auf bis zu 29°C. Dem kalkhaltigen klaren Wasser, das sogar Trinkwasserqualität hat, wird eine heilende Wirkung nachgesagt. Wie eine Schutzmauer legt sich ein bis zu drei Meter hoher Schilfgürtel um den See, der sich trotz der vielen Strandbäder sein natürliches Aussehen bewahrt hat.

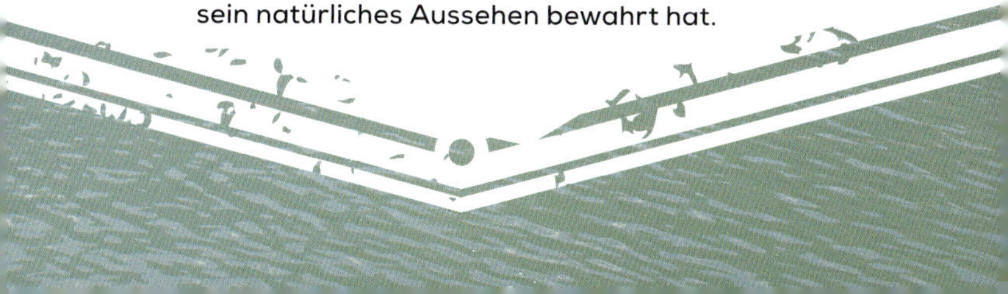

WIND & WETTER
Bevorzugte südliche Lage, typischerweise recht beständiges Wetter.

BEFAHRUNGSREGELN
Der gesamte Pressegger See ist als Landschaftsschutzgebiet ausgewiesen. Besonderen Schutz genießen die Schilfgürtel am Ost- und Westufer inklusive des Seeabflusses. Diese Abschnitte sollten zur Schonung des Vogelbestandes nur sehr rücksichtsvoll befahren werden.

ANFAHRT MIT DEM PKW
Von Villach aus über die Südautobahn A 2 Richtung Udine/Italien bis man nach etwa 10 km die Ausfahrt 364 (Hermagor) erreicht. Hier die B 111 (Gailtal Straße) Richtung Hermagor/Gailtal fahren. Nach 22 km kommt man zur Ortschaft Presseggen und biegt, dem Schild „Pressegger See" folgend, nach links von der Hauptstraße ab. Nach 300 Metern hält man sich wieder links, quert den Bahnübergang und folgt der Straße bis zum Strandbad (Presseggen 521). Fahrzeit ca. 1:15 h.

PARKEN
Parkplatz beim Strandbad Presseggen.

ANFAHRT MIT ÖPNV
Von Villach Hauptbahnhof mit dem Zug S 4 bis zur Station Pressegger See (Fahrzeit ca. 1 h).
Vom Bahnhof geht man nach Süden und biegt an der ersten Möglichkeit rechts auf die Straße namens „Presseggersee" ab. Nach etwa 190 m links abbiegen und nach weiteren 100 m gelangt man zum Strandbad Hermagor.

BITTE BEACHTEN: Wegen der kürzeren Gehdistanz ist das Strandbad Hermagor ein alternativer Einstieg im Vergleich zur Anfahrt mit dem Pkw.

BADEN
Das klare und warme Wasser (bis 29°C) der „Badewanne Kärntens" und die wunderschöne Umgebung laden bereits früh im Jahr zum Baden und Paddeln ein. Entspannung und Spaß für die ganze Familie und für ausländische Touristen noch ein Geheimtipp!

STRANDBÄDER:

- **HERMAGOR** – Surf- und Bootsvermietung, Erlebnisschiff mit Schatzinsel, Fußball, Beachvolleyball, Minigolf, Boulderfelsen, eigener Kinder- und Nichtschwimmer-Bereich.

- **PRESSEGGEN** – Tretboote, Kinderspielstrand, Restaurant direkt am Schilfgürtel gelegen.

- **SAMERHOF-PASSRIACH** – 100 m² großer Panorama-Steg, Badeinsel, Kinderbecken, FKK-Bereich.

- **SCHLUGA** – Fußball, Beachvolleyball, Tischtennis, FKK-Bereich, Tretboote & Kanus, Aquajump-Trampolin, schwimmender Kletter-Eisberg.

 **EXTRA-TIPPS**

» **SEERUNDWEG / SLOW TRAIL** (5,8 km, ca. 1:30 h) – ein beliebter Wander- und Laufweg rund um den Presseger See. Start ist am Strandbad Hermagor, von hier aus spaziert man Richtung Osten entlang des Nordufers bis zum Strandbad Presseggen. Dort zweigt der Weg nach Süden ab und man gelangt in den bis zu 3 m hohen Schilfgürtel am Ostufer, sicherlich der schönste und romantischste Teil des Rundwegs. Weiter gehts bis zum Strandbad Paßriach, man wendet sich hier nach Westen und geht am Südufer – mit atemberaubendem Blick zum schönsten Gipfel der Gailtaler Alpen, dem Reißkofel – bis zum Seebad Oswald. Von dort wieder nach Norden durch den westlichen Schilfgürtel und zurück zum Ausgangspunkt.

» Das zweitägige **GAILTALER SPECKFEST** findet Anfang Juni in **HERMAGOR** statt und lockt bis zu 30.000 Besucher an. Unbedingt probieren sollte man die regionale Spezialität „Frigga" – lasst Euch überraschen! Abgerundet wird das Ambiente durch Musikgruppen aus dem gesamten Alpe-Adria-Raum.

» Auf jeden Fall einen Ausflug wert ist die **SONNENALPE NASSFELD**. Hier bieten sich neben ausgedehnten Wanderungen (www.nassfeld.at) auch Klettersteige, eine Sommerrodelbahn, Fahrradtouren, ein Aqua-Trail und vieles mehr zum Erleben an. Unterwegs lohnt ein Besuch der **SCHAUKÄSEREI TRESSDORFER ALM** (www.tressdorferalm-kaeserei.at).

» Im **GAILTALER HEIMATMUSEUM** (www.gailtaler-heimatmuseum.at) taucht Ihr in längst vergangene Zeiten ein! Im viergeschossigen **SCHLOSS MÖDERNDORF** erlebt man anhand liebevoll arrangierter Exponate die Geschichte des Gailtals.

TOUREN

1 ENTSPANNTE SEEUMRUNDUNG
Vom Strandbad Presseggen im Uhrzeigersinn entlang der Uferlinie einmal um den See.
LÄNGE 2,75 km | **DAUER** 1 h

EIN- UND AUSSTIEG
- Strandbad Presseggen
- Bei Anreise mit ÖPNV: Strandbad Hermagor

SUP-VERMIETUNG
1 CAMPING MAX PRESSEGGER SEE
Presseggen 5, 9620 Pressegger See
Tel. +43 (0)4282 27 27
www.camping-max.com

EINKEHR

1 SEESTUBE „ZUM ALOIS"
Presseggen 521, 9615 Presseggen
Tel. +43 (0)660 764 57 52
www.seestube.at
Tägl. 11.30-21 Uhr

KLASSIKER Hauseigene Pizza

2 WALDSCHENKE AM SCHLUGA SEECAMPING
Presseggen 29, 9615 Presseggen
Tel. +43 (0)699 126 330 96
www.schluga.com
Mo-Fr ab 16 Uhr, Sa+So ab 11 Uhr

KLASSIKER Spare-Ribs

3 GASTHAUS UND HOTEL BÄRENWIRT
Hauptstraße 17, 9620 Hermagor
Tel. +43 (0)4282 20 52
www.kleinerbär.at (mit ä schreiben!)
Do-Mo 11.30-14.30 & 17-20.30 Uhr

KLASSIKER Gailtaler Ripperl mit Spitzkraut, auch Kochkurse!

ÜBERNACHTUNG

1 NATURPARK SEECAMPING SCHLUGA
("Camping-Fässer", Mobilheime, Appartments, AlpinSpa, LakeResort)
Presseggen 57, 9615 Presseggen
Tel. +43 (0)4282 20 51
www.schluga.com

2 GÄSTEHAUS INGE
Presseggen 33, 9615 Görtschach
Tel. +43 (0)650 275 31 11
www.inge-info.at

3 ALPEN ADRIA HOTEL & SPA
(Spa, In- & Outdoor-Pools, LakeResort)
Pressegger See 2, 9620 Pressegger See
Tel. +43 (0)4282 26 66
www.alpenadriahotel.at

Aussen-Pools im Alpen Adria Hotel & Spa

DIE BADEWANNE DES GAILTALS

1 Der Pressegger See ist mit einer Wasserfläche von 55 Hektar Kärntens neuntgrößter See. Er liegt in einem eizeitlich geformten Becken und stellt in seiner heutigen halbkreisähnlichen Form den Überrest eines einst viel größeren Sees dar. Durchschnittlich ist er nur zwischen drei und vier Meter tief. Deshalb und wegen der sonnigen Lage erwärmt er sich bereits im Frühjahr rasch und viele Kärntner eröffnen hier ihre Badesaison. Gespeist wird er zu zwei Dritteln über die Vella und zu einem Drittel über das Grundwasser. Durch den relativ hohen Zufluss wird das Wasser alle zwanzig Tage ausgetauscht.

Unsere Tour beginnen wir im **STRANDBAD PRESSEGGEN** ✹, da der See, im Gegensatz zu vielen anderen Kärntner Seen, über keine offiziellen freien Seezugänge verfügt. Das Strandbad vermittelt sofort eine besonders entspannte Atmosphäre und wir spielen beim Ausbreiten der Handtücher mit dem Gedanken, nach der Tour einfach einen Faulenzer-Tag auf der großzügigen Liegewiese zu verbringen.

Schnell sind die Boards ins herrlich warme Wasser gesetzt und im Uhrzeigersinn paddeln wir los, auf der gesamten Strecke uns dicht ans Ufer haltend. Bald gelangen wir zum östlichen Schilfgürtel. Um den Pressegger See herum zieht sich der größte zusammenhängende Schilfbestand Kärntens. Die einzigartige Kombination von Wasserpflanzen mit dem bis zu drei Meter hohen Schilf lässt uns staunen. Um die Natur nicht zu gefährden, halten wir reichlich Abstand. Wir machen kurz Halt und sind ganz still – Vögel, die wir noch nie zuvor gesehen haben, flattern an uns vorbei, prächtig schillernde Libellen machen Rast auf gelben Teichrosen. Von den zwölf heimischen Fischarten schwimmen zahlreiche unter uns hindurch, das klare Wasser bietet ideale Voraussetzungen, sie zu beobachten. Dies mag wohl auch der Grund sein, dass der See bei Tauchern beliebt ist.

Aus der Ferne erkennen wir, dass sich schon einige Sonnenhungrige den besten Platz auf der Liegewiese am **STRANDBAD SAMERHOF-PASSRIACH** gesichert haben. Vor dessen saftig grüner Liegewiese blicken wir auf den zwischen Schilf und Wasserpflanzen verschwindenden **SEEBACH** (Befahren verboten). Das stark mäandernde Flüsschen entwässert den Pressegger See durchs gleichnamige Moos zur Gail hin. Im Bereich des Abflusses ist das Ufer von den für Kärnten so untypischen Grauerlen bestanden.

Die bewaldete Idylle wird jäh vom gruseligen Anblick der heruntergekommenen Fassade des ehemaligen Hotels Seerose unterbrochen: eingeschlagene Fenster, aufgebrochene Türen, Spinnennetze – die Überreste des einstigen Hotels wären die ideale Kulisse für einen Horrorfilm. In den Sechziger- und Siebzigerjahren war das Hotel ein gern besuchtes Mekka der Wiener "Sommerfrischler". Selbst der damalige Bundespräsident kam viele Sommer hierher.

Nach kurzer Fahrt kommen wir dann zum westlichen Schilfgürtel. Hier wurden bis zum Auftreten der Krebspest um 1880 Edelkrebse gefangen und von den Fischern auf den Märkten von Villach bis Wien vertrieben. Zeit für eine Pause und unsere von zu Hause mitgebrachte Jause. Vor der Abfahrt haben wir uns Brot, etwas Gailtaler Speck und den berühmten Almkäse aus der Region eingepackt. Einfach lecker – und in dieser fantastischen Kulisse mit Blick auf die Karnischen Alpen noch besser als sonst.

Auf unserem Weg entlang des Nordufers reiht sich ein Strandbad ans nächste. Besonders ins Auge sticht das **1. KÄRNTNER ERLEBNISBAD**. Ein Erlebnispark mit zahlreichen Fahrgeschäften und Attraktionen direkt am Wasser. Allerdings auch nicht gerade preiswert. Die Tourismusgeschichte rund um den Pressegger See begann aufgrund der abgeschiedenen Lage erst relativ spät und verlief in den Anfängen auch eher langsam. Aber in den letzten Jahrzehnten hat sich die Region zu einem beliebten Ferienort gemausert. Jährlich locken zahlreiche Events Touristen aus aller Welt in die Gegend. Aber auch die grenzüberschreitenden Mountainbike-Strecken und die unzähligen Wander- und Kletterwege in den **KARNISCHEN ALPEN** sind für ambitionierte Sportler attraktiv.

Am **STRANDBAD PRESSEGGEN** ist unsere gemütliche Runde beendet. Zeit zum Chillen und Baden und später zur abendlichen Einkehr in der **SEESTUBE „ZUM ALOIS"** 1 direkt am See. Auf der Terrasse beobachten wir bei gutem Essen, wie die Sonne hinter den Karnischen Alpen verschwindet.

Wer es kulinarisch anspruchsvoller haben will, scheut nicht die 10-minütige Autofahrt nach **HERMAGOR** zum **„BÄRENWIRT"** 3. Dort sorgt die sich der Kärntner Slow Food-Küche verschriebene Familie Ressi für eine kulinarische Offenbarung. Hier geht keiner enttäuscht nach Hause!

MILLSTÄTTER SEE

ANSPRUCH

𝒫 – 𝒫𝒫

EINKEHR

🍺🍺🍺

Kaum irgendwo verbinden sich südliche Lebensfreude mit mediterraner Leichtigkeit und liegen Himmel und Wasser so nah beieinander wie an Kärntens wasserreichstem See, eingebettet zwischen den Nockbergen im Norden und dem Drautal im Süden. Das seit über 4000 Jahren durchgehend besiedelte Umland bietet auch abseits des Wassers ein vielseitiges Kultur- und Sportangebot für alle Geschmäcker.

WIND & WETTER

Der temperaturstabile See ist durch Aufwinde begünstigt, was zur Folge hat, dass am See die Sonne oft scheint, jedoch im Umland vermehrt Schlechtwetter auftreten kann. Daher sollte man stets auf jede Wetterlage vorbereitet sein. Die Abkühlung im Herbst erfolgt sehr langsam, so dass auch die SUP-Saison gut noch bis Mitte Oktober verlängert werden kann (oftmals bei Wassertemperaturen um die 20°C).

Am Vormittag herrschen aufgrund der Windstille und des Flachwassers ideale Bedingungen zum Stand Up Paddeln, vor allem für Beginner.

Wegen der Thermik kann es vor allem in den Monaten Mai, Juni und September zu größeren Wellen kommen, was aber gerade bei fortgeschrittenen Paddlern das Fun-Barometer nochmals nach oben drückt.

BEFAHRUNGSREGELN

Wie alle großen Seen Kärntens wird auch der Millstätter See mit Schiffen und Booten befahren. Diese haben stets Vorrang. Zur Seemitte hin ist immer wieder mit Motorbooten und Wasserskifahrern zu rechnen.

ANFAHRT MIT DEM PKW

Von Klagenfurt kommend auf der Tauernautobahn (A 10) Richtung Salzburg bis zum Autobahnknoten Spittal/Nord. Dort abfahren und auf der B 98 der Beschilderung Richtung Seeboden bzw. Millstatt folgen. Von hier aus kann man am Nordufer alle Orte entlang der Uferstraße erreichen.

PARKEN

Gegenüber vom Strandbad Pesenthein befindet sich ein Parkplatz für Badegäste, an welchem wir parken. Alternativ gibt es zwischen Pesenthein und Dellach einen kostenlosen Parkplatz entlang des Ufers. Dieser kann jedoch zwischen 7-20 Uhr nur für die Dauer von 90 Minuten in Anspruch genommen werden. Auch beim Klauberpark und zwischen Millstatt und Seeboden gibt es jeweils einen kostenlosen, öffentlichen Parkplatz inklusive Seezugang.

ANFAHRT MIT ÖPNV

Ab Klagenfurt den Zug Richtung Spittal-Millstätter See nehmen. Am Busbahnhof vor dem Hbf Spittal/Drau vom Zug auf den ÖBB-Postbus 5140 in Richtung Radenthein Postamt umsteigen. Der Bus fährt am Nordufer des Sees alle Orte an.

BADEN

Kärntens wasserreichster See wärmt sich im Sommer bis auf 27°C auf. Das mineralstoffhaltige Wasser hat Trinkwasserqualität und fühlt sich besonders weich an.

12 STRANDBÄDER laden zur Abkühlung. Besonders zu empfehlen sind das Badehaus Millstätter See, die Strandbäder Dellach, Pesenthein und Spittal.

Badehaus Millstätter See

SEHENSWERT

» **DÖBRIACH:** Im „**SAGAMUNDO**", dem Haus des Erzählens, werden Kärntner Sagen visuell und akustisch dargestellt.

» **RADENTHEIN:** Im Erlebnismuseum „**GRANATIUM**" erfährt man allerhand zur Geschichte, Gewinnung und Verwendung des Granatsteins.

» **MILLSTATT AM SEE:** Das **STIFT MILLSTATT**, ein um 1070 von den Benediktinern gegründetes Kloster, gehört mit seiner Stiftskirche und dem Millstätter Kreuzgang zu den repräsentativsten romanischen Bauwerken Kärntens. Besonders eindrücklich ist der im Stiftsmuseum zu sehende Kerker aus dem 16. Jahrhundert mit noch erhaltenen Wandkritzeleien von Gefangenen!

» **SEEBODEN:** Die **HÖHENBURG SOMMEREGG** (www.sommeregg.at) lädt zum Tafeln und Kämpfen wie die Ritter ein und entführt seine Gäste ins burgeigene Foltermuseum. Im Ortsteil **WILSDORF** zeigt das **1. KÄRNTNER FISCHEREIMUSEUM** mit lebenden Fischen in einem See-Aquarium den Artenreichtum im See. Im **BONSAI MUSEUM** kann man über 3.000 Bonsai bestaunen und auch vieles über die Aufzucht und Pflege dieser Mini-Bäume lernen (www.bonsai.at).

» **SPITTAL AN DER DRAU: SCHLOSS PORCIA** ist einer der bedeutendsten Renaissancebauten außerhalb Italiens und zeigt in seinem angegliederten Museum für Volkskultur 20.000 Exponate aus dem Oberkärntner Raum in einer der vier größten volkskundlichen Sammlungen Österreichs. Ebenso ist hier auf einer Fläche von 300 m² Österreichs größte **MODELLEISENBAHN** zu bestaunen.

EXTRA-TIPPS

» Etwa 1 Stunde Fußmarsch von der herrlichen **LAMMERSDORFER HÜTTE** (Einkehr & Sennerei) erhebt sich das **GRANATTOR** auf 2.063 m Seehöhe. Dieser mächtige Durchgang besteht aus mit Edelsteinen gefüllten Pfeilern und bietet einen atemberaubenden Blick über die Region Millstätter See, die Nockberge und die umliegenden Dreitausender.

» **„BIWAK UNTER DEN STERNEN – RIFUGIO SOTTO LE STELLE"** – ein unvergessliches Erlebnis an 6 verschiedenen, exklusiven Rückzugsorten für die Zweisamkeit in freier Natur, www.biwaks.millstaettersee.com

» Der **MILLSTÄTTER RADWEG** führt über eine Länge von 28 Kilometer um den gesamten See. Für eine Umrundung sollte auch der trainierte Radfahrer mindestens zwei Stunden einplanen.

TOUREN

① LANGE RUNDE
Das Nordufer entlang bis nach Döbriach und von dort am Südufer Richtung Laggerhof und über den See zurück nach Pesenthein.
LÄNGE 11 km | **DAUER** 3-3:30 h

② KURZE RUNDE
Am Nordufer bis nach Millstatt und von dort zur Jugendstil-Schloß-villa am gegenüberliegenden Südufer, dann wieder nach Pesenthein zurück.
LÄNGE 5 km | **DAUER** 1:30 h

③ KLEINE SPRITZTOUR
Erkundungstour von Seeboden zur Seebrücke und wieder zurück.
LÄNGE 3 km | **DAUER** 1 h

EIN- UND AUSSTIEG

● **ROUTE 1 + ROUTE 2**
Am Strandbad Pesenthein.
● **ROUTE 3**
Beim Klauberpark in Seeboden.

SUP-VERMIETUNG

① SPORTING BLUE PARKBAD DÖBRIACH
Seepromenade 36, 9873 Döbriach
Tel. +43 (0)650 551 24 70
www.sporting-blue.at
SUP-Vermietung und -Verkauf

② SPORTS POINT
Seepromenade 46/48, 9871 Seeboden
Tel. +43 (0)4715 404
www.sport-point.at
Vermietung von SUPs, Kajaks, Bikes

③ SURF- & SEGELSCHULE MILLSTATT
Seestraße 69 B, 9872 Millstatt
Tel. +43 (0)676 751 19 39
www.surf-segelschulemillstatt.at
SUPs, Surfbretter und Kajaks

④ SUP2GETHER
Am Birkengrund 26
9073 Klagenfurt-Viktring
Tel. +43 (0)463 203 230 20
www.sup2gether.com
Mobile SUP-Stationen in ganz Kärnten

EINKEHR

1 CAFÉ-BISTRO KAP 4613
– Die Pyramide im Millstätter See –
Kaiser-Franz-Josef-Straße 330
9872 Millstatt
Tel. +43 (0)664 388 83 18
www.kap4613.at
Di-So & Fei 8.30-21 Uhr, Mo Ruhetag

KLASSIKER Hausgemachte Mehlspeisen, tolles Frühstücks-Angebot

2 GASTHOF GARTENRAST
Gartenraststraße 9
9545 Radenthein, OT Untertweng
Tel. +43 (0)4246 20 17
www.gartenrast.at
Mi-So 11-20.30 Uhr

KLASSIKER Riesige Bierauswahl und selbstgebrautes Bier, herrliches Backhendl und Kärntner Kuchl

MILLSTÄTTER SEE

himbiss mit Aussicht

3 FISCHIMBISS IM GARTEN
Dellach 6, 9872 Millstatt
Tel. +43 (0)660 160 54 34
www.facebook.com/wwwfischimbissat
Mi-So 11-14 & 16-20

KLASSIKER Köstliche Fischburger

4 BUSCHENSCHENKE HÖFLER
Waldweg 6, 9872 Millstatt
Tel. +43 (0)4766 30 09
www.buschenschenke-höfler.at

KLASSIKER Tolle Jausen, leckerer Most, wunderschöne Lage – Hammer!

ÜBERNACHTUNG

1 HOTEL ROYAL X SPORTRESORT
(SUP und XL-SUP mietbar)
Seehofstraße 25
9871 Seeboden
Tel. +43 (0)4762 816 69 11
www.hotelroyalx.at

2 STRANDHOTEL PICHLER
(SUP-Vermietung nebenan)
Seepromenade 46/48
9871 Seeboden
Tel. +43 (0)4762 811 80
www.strand-hotel.at

3 TEXTIL- UND FKK-CAMPING PESENTHEIN
Pesenthein 19
9872 Pesenthein
Tel. +43 (0)4766 26 65
www.badehaus-millstaettersee.at

MILLSTÄTTER SEE

WASSERREICH IN OBERKÄRNTEN 🍷-🍷🍷

1 Viel haben wir schon gelesen und gehört von Kärntens wasserreichstem See. Aber nichts davon ist so atemberaubend wie der erste Eindruck, den dieses Gewässer am Fuße der steil ansteigenden Nockberge hinterlässt. Größer als an diesem See könnten die Kontraste nicht sein: Im Norden, wo es von den Steilhängen direkt zum See hinabgeht, fährt man entlang der stark befahrenen, touristischen Hauptstraße. Das idyllische Südufer hingegen grenzt unmittelbar an stark bewaldetes und wenig besiedeltes Gebiet und liegt an einem Bergrücken. Dazwischen erstreckt sich klares, ruhiges Wasser, das am heutigen Tag nur ab und zu von der Schifffahrt in sanfte Wellenbewegung versetzt wird.

Am **STRANDBAD PESENTHEIN** 💮, welches neben seinem **CAMPINGPLATZ** ❸ einen FKK- und einen Textil-Badebereich anbietet, starten wir die Tour. An die zehn Kilometer (ca. 3-4 Stunden) werden wir unterwegs sein. Früh morgens haben wir den See fast für uns alleine. Zunächst geht es südöstlich ins eineinhalb Kilometer entfernte **DELLACH**, immer entlang der dicht am Ufer verlaufenden Bundesstraße. Sie begleitet der **MILLSTÄTTER RADWEG** TIPP, der alle Orte am Nordufer miteinander verbindet und um den gesamten See verläuft.

Der See erwacht jetzt langsam – die ersten Badegäste beziehen in den Strandbädern und Gärten der Hotels und Ferienpensionen ihre Liegen und einige wenige Fischer stechen bereits in See. Spaziergänger und Radler nutzen die Kühle des Morgens, zumal dann auch noch wenig Verkehr herrscht. Zur Linken bestaunen wir idyllische, aber durchaus innovative Seehäuser, von denen einige direkt in die steil abfallenden Hügel hineingebaut worden sind. Die Gegend um Millstatt ist für ihre hohe Dichte an Villen bekannt, die ältesten und schönsten stehen im Ort Millstatt selbst, der während dieser Tour allerdings nicht angefahren wird. Generell ist das sonnige Nordufer viel stärker besiedelt und verbaut als das Südufer, des mit bis zu 141 Metern tiefsten Sees Kärntens. Die meisten der 30 Bäche, die den Millstätter See speisen, münden am Nordufer in den See und fügen sich so herrlich in die teils verträumte Uferlandschaft ein. Der Hauptzufluss, der Riegerbach, liegt jedoch bei Döbriach am Ostufer des Sees.

Die Tour erfordert Ausdauer, denn bis zur Südostspitze des Sees in **DÖBRIACH** sind es ungefähr 5 km und bis spätestens um 10 Uhr hat es die Sonne über die steil aufragenden Bergspitzen geschafft. Jetzt kommen auch schon die ersten

Motorboote mit Parasails im Schlepptau langsam auf den See. Doch zum Glück ist dieser so groß, dass wirklich jeder genug Platz für sein Hobby hat. Das umfangreiche Wassersportangebot kann sich sehen lassen: abgesehen von Klassikern wie Ruder- und Tretbootfahren, haben auch Taucher, Sprung-, Trick- oder Monoskifahrer und Segler den See für sich entdeckt.

Hinter Döbriach wird es dann langsam ganz ruhig. Das schattige Südufer liegt fast vollständig am Waldrand eines Bergrückens. Wer genau hinsieht, erblickt vom Wasser aus zwischen den Bäumen den Rad- und Wanderweg in leicht erhöhter Lage. Die gesamte Region bietet eine Fülle von Wandertrails rund um den See – ideale Abwechslung zum Paddeln. Besonders empfehlenswert ist zum Beispiel eine **WANDERUNG** zu dem mit Edelsteinen befüllten **GRANAT-TOR**. Seit Jahrtausenden werden am Millstätter See rotbraune oder schwarze Edelsteine gefunden, auch "Feuersteine der Liebe" genannt. Anfangs nur begehrte Schmucksteine, wurden sie in der Region bis zu Beginn des 20. Jahrhunderts im Bergbau professionell abgebaut. Hat man den einstündigen Aufstieg von der **LAMMERSDORFER HÜTTE** geschafft, sind Mühe und Schweiß spätestens beim gigantischen Panoramarundblick über See und Bergwelt vergessen.

Als wir die letzte Etappe dieses Rundkurses absolvieren, kreuzen bereits Passagierschiffe unseren Weg. Die Flotte der Millstätter See-Schifffahrt besteht aus den beiden Schiffen MS Kärnten und MS Seeboden und hält entlang ihrer unterschiedlich langen Touren stets an mindestens drei der Anlegestellen rund um den See. Wer auch an Board Kulinarik und Musik genießen möchte, dem empfehlen wir den unterhaltsamen Jazz-Brunch oder auch die flotte Notte Italiana. In der Bucht bei **LAGGERHOF** am Südufer setzen wir zur Seequerung Richtung Pesenthein am Nordufer an. Ein ungetrübter Weitblick über den See nach Millstatt, Seeboden und die dahinterliegenden Gipfel der Ankogelgruppe sowie der Millstätter Alpe sind der Lohn.

Den wohlverdienten Abschluss unserer Rundfahrt feiern wir bei einem herzhaften Mittagssnack im **KAP 4613** in **MILLSTATT**, wo wir es uns auf der am Wasser schwimmenden Plattform verwöhnen lassen. In der pyramidenartigen Inselkonstruktion kann man barfuß im Sand chillen, gemütlich frühstücken oder mediterrane und hausgemachte Speisen direkt am See genießen.

TURRACHER SEE

ANSPRUCH | EINKEHR

Morgens den Sonnenaufgang auf einem Berggipfel genießen, mittags entspannt auf dem See paddeln und am Nachmittag Sonne an einem lauschigen Platz am Ufer tanken. Es gibt kaum einen besseren Ort um die Hektik des Alltags hinter sich zu lassen als an der frischen Luft vor diesem atemberaubenden Bergpanorama.

WIND & WETTER

Der Turracher See ist ein Hochgebirgssee, liegt auf 1.780 m Seehöhe und ist sechs Monate im Jahr mit Eis bedeckt. Die maximale Wassertemperaur beträgt 18°C.

ANFAHRT MIT DEM PKW

Von Villach kommend fahren wir auf der B 94 vorbei am St. Leonharder und am Vassacher See. Unter der A 10 (Tauernautobahn) hindurch, erreichen wir kurz darauf einen Kreisverkehr. Hier nehmen wir die dritte Ausfahrt um der B 98 (Millstätter Straße) Richtung Treffen zu folgen. Wir passieren nach rund 20 km den Afritzer See und den Feldsee. Direkt vor der Einfahrt in die Ortschaft Untertweng nehmen wir rechts die Dorfstraße und folgen dieser quer durch die kleine Siedlung bis zur nächstgrößeren Straße (B 88, scharf Kleinkirchheimer Straße) und biegen rechts ab. Nach etwa 12 km erreichen wir Patergassen, hier geht es weiter links auf die B 95 (Turracher Straße) der wir bis zum See folgen.

PARKEN

Entlang des nördlichen Abschnitts der Westuferstraße finden sich ausreichend Gratis-Parkplätze.

ANFAHRT MIT ÖPNV

Von Unzmarkt mit der Murtalbahn bis Predlitz-Turrach weiter mit dem Taxi oder bis Spittal/Drau und dort weiter mit dem Bahnhof-Shuttle: www.bahnhofshuttle.at

BADEN

Aufgrund der geringen Wassertemperatur als Badesee nur für Hartgesottene geeignet. Die einzige Ausnahme ist das beheizte Seebecken des Hotels Hochschober (Foto unten), welches aber nur Hotelgästen zugänglich ist.

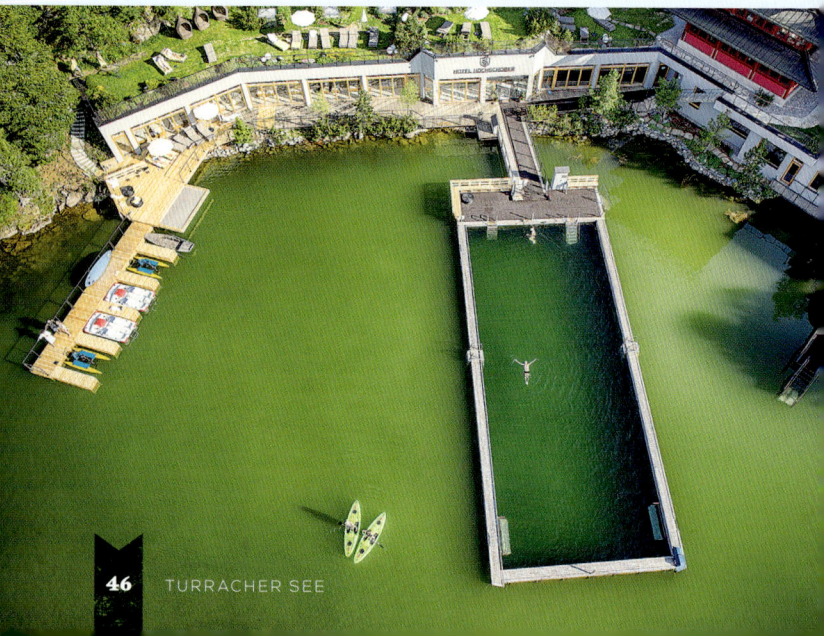

Der Schwarzsee ist aufgrund seines Moorbodens dunkel

SEHENSWERT

» **TURRACHER HÖHE: MUSEUM „MYTHOS EDELSTEIN KRANZELBINDER"** – Edel- und Schmucksteine aus allen Kontinenten sowie heimische Raritäten kann man auf der 500 m² umfassenden Ausstellungsfläche bewundern. Kinder können beim Goldwaschen und Edelstein-Baggern ihr Glück versuchen.

» **TURRACH:** Das **MONTANMUSEUM „HOLZ UND EISEN"** zeigt sehr anschaulich 250 Jahre Bergbaugeschichte in der Region (Do 14-17, Jul+Aug auch Fr 15-17).

TIPP EXTRA-TIPPS

» **TURRACHER 3-SEEN-WEG** – leichte Wanderung (8 km, ca. 3 h) mit mehreren Stationen, die die alpine Landschaft durch Österreichs größten Zirbenwald und die drei Bergseen (**TURRACHER SEE, SCHWARZSEE, GRÜNSEE**) mit allen Sinnen erlebbar macht.

» **BARBARA-WEG** – mittelschwerer Wanderweg (Gehzeit ca. 2 h, Start: Turracher Höhe Ortsmitte) auf den Spuren historischer Bergbautradition. Außerdem führt dieser Weg an Plätzen vorbei, von denen alle drei Turracher Seen im Panorama zu bewundern sind.

» **SCHOBERRIEGEL (2.208 M)** – der Weg (etwa 2 km) zu dem dem Turracher See nächstgelegenen Gipfel ist teils steil, aber sehr lohnend. Unter anderem kann man unterwegs einen Flugzeuglandeplatz aus dem Zweiten Weltkrieg besichtigen.

» Ein Highlight für Jung und Alt ist die 1,6 km lange Rodelbahn **ALPENACHTERBAHN „NOCKY FLITZER"** mit scharfen Kurven, Wellenbahnen und spektakulären Sprüngen. Start: Bergstation Panoramabahn, www.turracherhoehe.at

» Auf der 35 km langen **NOCKALMSTRASSE** kann man eine der schönsten Berglandschaften Österreichs mit dem Auto oder Motorrad, für die (sehr) Sportlichen auch per Fahrrad oder E-Bike, genießen. Entlang der Strecke verwöhnen heimische Bauern die Gäste mit regionalen Spezialitäten, unter anderem Zirbenprodukte.

TOUREN

1 GEMÜTLICHE SEEUMRUNDUNG
Vom Einstieg im Uhrzeigersinn einmal um den See.
LÄNGE 2 km | **DAUER** 0:30-1 h

EIN- & AUSSTIEG
Am nördlichen Westuferabschnitt, auf der gegenüberliegen Straßenseite vom Parkplatz. Wer sein Board im Seehotel Jägerwirt gemietet hat, kann natürlich auch von dort aus lospaddeln.

SUP-VERMIETUNG

1 ROMANTIK SEEHOTEL JÄGERWIRT
Jägerwirtsiedlung 63
8864 Turracher Höhe (Steiermark)
Tel. +43 (0)4275 82 57
www.seehotel-jaegerwirt.at

EINKEHR

1 CAFÉ BAUERNSTUBN
Jägerwirtsiedlung 65
8864 Turracherhöhe (Steiermark)
Tel. +43 (0)4275 84 51
www.bauernstubn.eu
Di-So 11-17 Uhr

KLASSIKER Turracher Suppen im Brottopf, Kaiserschmarrn

2 PLAN B
Turracherhöhe 7a
9565 Turracherhöhe
Tel. +43 (0)650 709 00 09
Mo+So 9-17, sonst 9-1 Uhr, Küche bis 17 Uhr, kleines Lokal: Reservieren!

KLASSIKER Kroatien trifft Kärnten. Lecker – Gegrillte Calamari!

3 SIGI'S NATURSAIBLING
Winkl 64, 9565 Ebene Reichenau
Tel. +43 (0)664 396 55 48
www.natursaibling.at
Mai-Okt Mi-So 10-17 Uhr

KLASSIKER Es gibt „nur" Saibling, den aber in den köstlichsten Variationen!

ÜBERNACHTUNG

① HOTEL HOCHSCHOBER
Turracherhöhe 5
9565 Turracherhöhe
Tel. +43 (0)4275 82 13
www.hochschober.com

② TURRACHERHOF
Turracher Höhe 106
8864 Turrach (Steiermark)
Tel. +43 (0)4275 83 66
www.turracherhof.at

③ HOTEL PENSION "DIE NOCKALM"
9565 Turracherhöhe 95
Tel. +43 (0)4275 84 77
www.dienockalm.at

TURRACHER SEE

HOCHGEBIRGSPADDELN IM ZIRBENWALD

1 Der Turracher See ist ein 1.780 Meter hoch gelegener Gebirgssee auf der Turracher Höhe, einem idyllischen Alm-See-Plateau an der Landesgrenze zwischen Kärnten und Steiermark. Von Europas größtem Zirbenwald und von imposanten Gipfeln umgeben, ist er der ideale Spot für Paddler die einfach Kraft sammeln wollen. Nur 300 Meter entfernt liegt der **SCHWARZSEE**, dessen Oberfläche aufgrund des Moorbodens sowie des hohen Anthrazitvorkommens intensiv schwarz-grün erscheint. Er verdankt seine Färbung den Armleuchteralgen auf seinem Grund. **Wenn man einen Tag auf der Turracher Höhe verbringt, sollte man unbedingt den 3-SEEN-WEG erwandern.** An 24 Stationen werden unterschiedlichste Übungen vorgestellt, die die Sinne schärfen und einem die Natur noch intensiver erleben lassen. Infotafeln und -stellen, Holzskulpuren, Gucklöcher sowie Kraftplätze laden zum Dialog mit der Natur ein. Bei der acht Kilometer langen, familienfreundlichen Wanderung werden rund 200 Höhenmeter überwunden. Wer diesen Weg entlangwandert, sollte an den Ufern des Turracher Schwarzsees nach der seltenen Zwergbirke Ausschau halten, einem Relikt der Voreiszeit. **Weiter südlich befindet sich der kleinste, aber landschaftlich reizvollste See des Plateaus, der GRÜNSEE.**

Gepaddelt werden darf nur auf dem rund 20 ha großen **TURRACHER SEE**, der an der tiefsten Stelle 33 Meter misst. Entlang des **NÖRDLICHEN WESTUFERS** finden wir in den frühen Morgenstunden zahlreiche kostenlose Parkplätze. Dort bietet sich ausreichend Platz zum Aufpumpen der Boards und es sind nur wenige Schritte zum Ufer.

Trotz der hochsommerlichen Temperatur ist das kristallklare Wasser maximal 18 Grad „warm". Da wollen wir lieber nicht hineinfallen und paddeln deshalb vorsichtig, das heißt, sehr gemütlich, los. Im Uhrzeigersinn entlang des Ufers ist bald das schöne **HOTEL JÄGERWIRT** 1 erreicht. Am Steg liegen mehrere SUP-Boards, die von Hotelgästen kostenlos und von Tagesgästen gegen eine kleine Gebühr ausgeborgt werden können. Für Familien ist das Hotel sicherlich der Hit, werden die Kleinen doch im hauseigenen „Kitz Club" den ganzen Tag betreut.

Den Weg rund um den See nutzen bereits morgens zahlreiche Naturliebhaber, Erholungssuchende und Aktiv-Urlauber. Ein Bergsommer in der Turracher Höhenlage ist wegen der nahezu vollständigen Pollenfreiheit auch für Allergiker ein Segen. Einen Steinwurf vom Hotel lockt uns das hübsche Kaffeehaus **CAFÉ BAUERN-STUBN** 1 direkt am Ufer, auf dessen Terrasse wir einen Verlängerten genießen.

Dann passieren wir einen der wenigen naturbelassenen Uferabschnitte und saugen den Anblick dieser eigenen kleinen alpinen Welt um uns herum auf. Schon von Weitem erkennen wir den vierstöckigen chinesischen Turm des **HOTELS HOCHSCHOBER** ❶. Das 4*-Superior-Wellnesshotel am Südufer hat zwar seinen Preis, jedoch bekommt der Gast auch

einiges geboten – Schwitzen im Orient-Badehaus, Yoga, Teezeremonien und ayurvedische Massagen im Chinaturm oder die große Bibliothek mit Lesesalon. Der Hit ist sicherlich das 25 Meter lange, beheizte Seebad vor der Hotelanlage im kalten Turracher See. Mollige 30 Grad hat das Wasser rund ums Jahr. Ein ausgeklügeltes Wasseraustausch-System macht es möglich. Bei der Eröffnung vor gut 20 Jahren war das Seebad eine Sensation und das erste dieser Art weltweit! **Das Becken bleibt leider nur den Gästen des Hotels vorbehalten, und so bleibt uns am Ende der Tour „nur" das Bad im kalten See.**

Hinter der Hotelanlage schlängelt sich in der Ferne die 1,6 Kilometer lange Alpen-Achterbahn **„NOCKY FLITZER"** ins Tal. Wagemutige können bei einer rasanten Fahrt mit schnittigen Kurven, Wellen und Sprüngen einen Adrenalin-Kick der besonderen Art erleben. **Mit Blick auf eine hübsche Holzskulptur, die eine Frau mit wehendem Haar zeigt, setzen wir uns unterhalb der schlichten CHRISTOPHORUS BERGKIRCHE auf eine Holzbank und sind uns einig: Auch wenn die Runde nur sehr kurz ist, gibt es viel zu Bestaunen und Neues zu sehen.**

Wollen wir unsere Jause auspacken oder nach Verladen der Boards irgendwo einkehren? Die Entscheidung ist schnell gefallen – es sind gerade mal 10 Minuten zu **SIGI'S NATURSAIBLING** 3 in **WINKL-REICHENAU** und unsere Rückfahrt führt eh über die **NOCKALMSTRASSE**. Außerdem hat Fisch-Sigi eine Mission, er möchte allen seinen Gästen die Vorteile von Fisch näherbringen. Dabei stört es nicht, dass er nur ein Produkt anzubieten hat – Natursaibling. Er nutzt das sauerstoffreiche Gebirgswasser gleich nebenan und lässt den Fisch schonend und ohne Wachstumsbeschleuniger heranwachsen. Das schmeckt man!

FALKERTSEE

ANSPRUCH

EINKEHR

Warum nicht einmal Paddeln und Wandern kombinieren? Die perfekte Möglichkeit hierfür bietet der wunderschön gelegene Falkertsee auf 1872 m Höhe. Wo hat man sonst schon die Gelegenheit direkt vom Board aus das Hochgebirgspanorama zu genießen? Einmalig! Aber Achtung, nicht reinfallen – das Wasser erreicht maximal 13°C!

WIND, WETTER & GEFAHREN

Der Falkertsee ist 6 Monate des Jahres eisbedeckt, daher sind die Wassertemperaturen auch im Sommer sehr frisch. Aufgrund der Höhenlage ist es hier immer wesentlich kühler als im Tal. An entsprechende Bekleidung sollte gedacht werden!

ANFAHRT MIT DEM PKW

Von Feldkirchen über die B 95 nordwestwärts bis Patergassen (ca. 23 km). Hier weiter Richtung Norden bzw. Ebene Reichenau, nach 1,4 km links abbiegen auf die L 79 (Falkertsee Landesstraße) und ab hier bergauf. Nach 7,3 km erreichen wir den Parkplatz.

PARKEN

Auf dem großen Parkplatz an der Hauptstraße zwischen Skischule Falkert und Nock Sport Huber, von Süden kommend rechter Hand (Falkertsee 74, 9564 Patergassen).

ANFAHRT MIT ÖPNV

Derzeit keine öffentliche Verbindung

BADEN

Für Hartgesottene! Auch an heißen Sommertagen steigt die Wassertemperatur selten höher als 15 °C. Das gesamte Ufer ist frei zugänglich.

Angenehmer sind da das **RÖMERBAD** und die **THERME ST. KATHREIN** beide mit Thermalbecken und Saunen im 15 km entfernten Bad Kleinkirchheim (www.badkleinkirchheim.com).

FALKERTSEE

EXTRA-TIPPS

» Von Bad Kleinkirchheim **WASSERWEG** entlang des rauschenden St. Oswald Baches. Kurze familientaugliche Wanderung am Fuße der Nockberge. Beginn an der Tourist-Info, zunächst zur St. Kathreinkirche und über den Kulturpfad zum Wasserweg – im Ortsteil Bach gibt es mit der Trattnig Mühle eine voll funktionsfähige Floder-Mühle & Wasserfallstufen. Leicht ansteigend geht es vorbei an sehenswerten Denkmälern wie dem ehemaligen Kalkbrennofen oder dem alten Sägewerk sowie der sagenumwobenen Oswaldi-Quelle. Holz-Hängematten an „berauschenden Plätzen" laden zum Verweilen. Am Ende des etwa 2-stündigen Weges wartet in St. Oswald das kleine Handwerksmuseum „Alte Schmiede" und mit dem Wegerstadl (kleine Dauerausstellung) eines der schönsten alten Gebäude. Zurück mit dem kostenlosen Wander-Thermen-Bus (www.badkleinkirchheim.at).

» Wunderschön ist die 2½-stündige **WANDERUNG AUF DEN FALKERTSPITZ** (2.308 m) – siehe Tourbeschreibung letzter Absatz.

» Für die kleinen und großen Heidi-Fans ist der Besuch des Kindererlebnisparks **HEIDI ALM FALKERT** ein Muss. Mit über 100 Figuren wird die zauberhafte und allseits bekannte Geschichte nacherzählt. Außerdem gibt es einen kleinen Fischteich und ein Murmeltiergehege (www.heidialm.at).

FALKERTSEE

TOUREN

① SEEUMRUNDUNG
Rundtour von der Seehütte im Uhrzeigersinn einmal um den See.
LÄNGE 1 km | **DAUER** ca. 1 h (inklusive ausgiebiger Rast)

EIN- & AUSSTIEG
● **An der Seehütte**, nahe beim Parkplatz. Oder schöner – an der Leiterhütte, dahin muss man die Boards aber tragen.

EINKEHR

1 LEITERHÜTTE
Sennerei am Falkertsee
9564 Patergassen
Tel. +43 (0)664 210 32 46
www.heidialm.at
Jun-Sep tägl. 10-18 Uhr

KLASSIKER Sämtliche Molkereiprodukte aus Eigenproduktion wie Almkäse und Almbutter

2 ALMGASTHAUS SEEHÜTTE
Falkertsee 1, 9564 Patergassen
Tel. +43 (0)4275 72 22
www.heidi-hotel.at
Mai-Okt tägl. 10-18 Uhr

KLASSIKER Hausgemachte Schwarzbeerkrapfen und Frigga aus der Riesenrain (eine Art Rührei mit Käse aus der Riesenpfanne)

3 HÅLTA HÜTTE
Falkertsee 13
9564 Patergassen
Tel. +49 (0)175 525 05 32
Tägl. von Jun-Sep

KLASSIKER Alm-Caprese mit hauseigenem Rohmilchkäse

ÜBERNACHTUNG
① HEIDI HOTEL
Kinder- und familienfreundlich
Falkertsee 2, 9564 Falkert
Tel. +43 (0)4275 722 20
www.heidi-hotel.at

② FALKERTSEE 13
Stylish-moderne Blockhütte, Badefass & Almsauna, Mindestmietdauer 3-7 Tage
Falkertsee 13, 9564 Patergassen
Tel. +43 (0)680 440 90 30
www.falkertsee13.at

PADDELSPASS UND WANDERLUST IN DEN NOCKBERGEN

Zugegebenermaßen stellt der kleine Falkertsee keine besondere Herausforderung an uns SUPler, hat er doch nur eine Länge von 305 und eine Breite von 187 Metern. Paddelt man sein Ufer akkurat aus, kommt man gerade mal auf etwas über 900 Meter. Aber dennoch - es macht großen Spaß die Nockberge von dieser Perspektive aus zu genießen. Beobachtet werden wir dabei von neugierigen Kühen. Wunderschöne Almen trösten über einen gänzlich fehlenden Schilfbestand hinweg. Mit ein wenig Glück kann man Saiblinge im klaren Wasser entdecken. Vom Saiblingsbestand weiß man bereits aus dem Mittelalter zu berichten. Angeblich besetzten Mönche im 13. Jahrhundert den Friesacher Stadtgraben mit Fischen aus dem Falkertsee. Damals waren es noch die kleinwüchsigen Seesaiblinge, die unter dem Namen Schwarzreuter bekannt waren, aber auch heute werden die Fische nicht besonders groß.

Almgasthof Seehütte

Wir paddeln in die Mitte des Sees und lassen den herrlichen Blick auf den Falkertspitz und den Gipfel des mächtigen Rodresnock auf uns wirken. Vorsichtig legen wir uns auf die Bretter und lassen unsere Hände durchs kalte Wasser gleiten. Der oberflächen"warme" Gebirgssee, der wahrscheinlich glazialen Ursprungs ist und dessen Untergrund aus Quarzphyliten besteht, ist rund sechs Monate im Jahr eisbedeckt. In warmen Sommermonaten erreicht er Oberflächentemperaturen um die 13 Grad - und manchmal auch darüber.

Heute haben wir wirklich Glück mit dem Wetter und es scheint ein heißer Tag zu werden. Die Wirtin der **HÄLTA HÜTTE** 3 sagte uns, dass der See bei der morgendlichen Messung bereits 18 Grad hatte. Einige Hartgesottene nehmen in Ufernähe sogar ein erfrischendes Bad. Kreuz und quer paddeln wir über den See und versuchen mit unserer wasserfesten Kamera diese besondere Ausfahrt und die ausgelassene Stimmung festzuhalten.

Am Ende unserer Vormittags-Tour werden wir am Parkplatz von den vielen Wanderern bestaunt, die sich darüber wundern, dass wir die Luft aus unseren Brettern lassen. Von einem inflatable Board hatten sie noch nie etwas gehört. Nach unserem netten Gespräch steht eine Einladung zu einem Umtrunk in der **SEEHÜTTE** 2. Als die Wirtin ein Tablett mit hausgemachten Krapfen und einer wirklich üppigen Brettljause an uns vorbeiträgt, können wir nicht widerstehen und bleiben in geselliger Runde noch zum Essen.

TIPP Derart gestärkt, wollen wir an unsere SUP-Runde noch eine **WANDERUNG** anschließen. Vorbei am kleinen Ochsenaugensee geht es auf dem Weg Nr. 1591 durchs Sonntagstal aufwärts zur Falkertscharte. Dort wenden wir uns nach rechts und erklimmen den Gipfel **„FALKERTSPITZ"**, der auf einer Höhe von 2.308 m liegt. Vorbei an der Bergstation Spitzlift marschieren wir zur Hundsfeldscharte und gelangen in einem Bogen (Weg Nr. 3) nach ca. 2½ Stunden wieder zurück zum Falkersee. Nun haben wir uns noch ein Schmankerl verdient - in der **SENNEREI LEITERHÜTTE** 1 genießen wir die hausgemachte Almbutter mit herrlich duftendem frischem Brot, bevor es an die Heimfahrt geht.

AFRITZER SEE

ANSPRUCH | EINKEHR

Der Afritzer See ist ein von Villach schnell zu erreichender Badesee, der Naturliebhabern die Möglichkeit bietet, abseits vom Trubel entspannt die Seele baumeln zu lassen. Die kaum verbauten Ufer, das dunkle, klare Wasser und die sanfte Hügellandschaft bieten ideale Voraussetzungen für eine relaxte SUP-Tour inmitten eines Postkartenidylls.

WIND & WETTER

Der See liegt in einer häufig windigen Talfurche.

ANFAHRT MIT DEM PKW

Von Villach aus über die Millstätter Straße (B 98) Richtung Norden nach Afritz am See fahren. Von dort folgt man der Straße weiter entlang des östlichen Seeufers und gelangt nach 3,4 km zum Nordufer des Sees, wo sich zur Linken ein kleiner Parkplatz mit Tischen und Bänken befindet.

PARKEN

Kleiner Parkplatz an der Straße B 98 am Nordufer des Sees.

ANFAHRT MIT ÖPNV

Mit dem Postbus 5150 von Villach Hbf (Busbahnhof) in 30 Min. bis Haltestelle „Feld am See Wiesen". Von hier kurzer Fußweg (ca. 450 m) nach Süden zum Parkplatz am Nordufer des Sees.

BADEN

In heißen Sommermonaten erreicht der glasklare Bergsee (Trinkwasserqualität!) Oberflächentemperaturen von über 23 Grad – ideale Voraussetzungen für einen entspannten Badetag.

STRANDBAD FRIESSNER – prima für Familien, Spielplatz, Sportgeräte, Sonnenschirme, kleine Bar. Seestr. 4, 9542 Afritz am See, Tel. +43 (0)4247 21 66.

SEHENSWERT

» **AFRITZ AM SEE:** Gotische Pfarrkirche St. Nikolaus mit um 1500 gemaltem Passionsfresko, ehemaliges Pflegerhaus der Grafen von Porcia (1662-1848).

EXTRA-TIPPS

» In **FELD AM SEE** am nördlich gelegenen **BRENNSEE** findet jährlich im Juli das **FISCHFEST** mit heimischen Fischspezialitäten statt, www.fischfest.at

» Großer Tierpark **ALPEN WILDPARK** bei **FELD AM SEE** mit Wildtieren sowie Museum und Kuschelzoo, www.alpen-wildpark.com

» Ca. 1 ½-stündige **WANDERUNG AUF DEM SONNENWEG**. Start an der Tourist-Info Afritz am See. Genaue Routenbeschreibung unter www.bergfex.at > Suchbegriff „Sonnenweg am Afritzer See".

» Schöne **GRAT-WANDERUNG** vom Lärchenboden über Schwarzseehütte und Amberger Alpe hinauf **ZUM MIRNOCK** (2.110 m). Trittsicherheit & stabile Wetterlage erforderlich!

Blick vom Mirnock zum Millstätter See

TOUREN

1 SEEUMRUNDUNG
Vom freien Einstieg am Nordufer entlang des Ostufers an die Südspitze, am Westufer zurück zum Einstiegspunkt.
LÄNGE 3,9 km | **DAUER** 1:15 h
(inkl. Yogaeinheit)

EIN- UND AUSSTIEG
Am Nordufer des Sees.
Auf kurzem unbefestigten Weg vom Parkplatz aus erreichbar.

SUP-VERMIETUNG
keine

EINKEHR

1 FISCHERHOF GLINZNER
Seestraße 28, 9542 Afritz am See
Tel. +43 (0)4247 21 33
www.glinzner.at

KLASSIKER Fangfrischer Fisch, gehobene regionale Küche

2 BODNER'S SNACKSTÜBERL
Seestraße 27, 9542 Afritz am See
Tel. +43 (0)4247 25 79
www.camping-bodner.at
Mai-Sep 8-19 Uhr

KLASSIKER Ausgezeichnete Limonaden von Murauer, Jul + Aug Do frisch geräucherte und gegrillte Forellen

ÜBERNACHTUNG

1 FISCHERHOF GLINZNER
Seestraße 28
9542 Afritz am See
Tel. +43 (0)4247 21 33
www.glinzner.at
Gasthaus und Camping am Südufer des Sees (übernachten im Zelt, Zimmer, Seelodge, Fischerhütte)

2 CAMPING BODNER AM SÜDUFER
Seestraße 27
9542 Afritz am See
Tel. +43 (0)4247 25 79
www.camping-bodner.at
Zelt, Caravan und Wohnmobil

AFRITZER SEE

KLEINOD ZWISCHEN WÖLLANER NOCK UND MIRNOCK

Wer Lust auf eine entspannte kurze SUP-Tour abseits vom Trubel und Alltagsstress hat, dem legen wir den Afritzer See ans Herz. Der malerische See im Gegendtal liegt auf 750 Meter Seehöhe zwischen den steil abfallenden Hängen des Wöllaner Nocks und des Mirnocks.

Der öffentliche Parkplatz am Nordufer bietet ausreichend Platz zum Aufpumpen unserer Boards. Zum **EINSTIEG** ● sind es nur ein paar Meter – ein Segen nach einem arbeitsreichen Tag. Wir fahren gemütlich entlang des Ostufers nach Süden. Wunderschöne Anwesen und typische Bootshäuser liegen auf unserem Weg. Einige Fischer in ihren kleinen Booten versuchen im fischreichen Gewässer ihr Glück. Ein 2018 im See gefangener Hecht, immerhin 18 Kilo schwer und 141 Zentimeter lang, ist im Landesmuseum Klagenfurt zu bestaunen.

Nach einer guten halben Stunde haben wir es geschafft und die zwei öffentlichen Strandbäder sind erreicht – Halbzeit. Hier wird Wasserratten und Badenixen im Sommer einiges geboten. Jugendliche mieten Tretboote und spielen Tischtennis, Kinder rutschen vergnügt ins Wasser und springen von den Stegen, Erwachsene schlecken ihr Eis im Schatten. Beim Kiosk des **CAMPINGPLATZES BODNER** ❷ kehren wir kurz auf eine Limonade ein und paddeln dann entlang des ruhigeren Westufers zurück.

Wir genießen die unberührte Natur, teilweise reicht der Wald bis ans Ufer. Meine Gedanken schweifen ab und ich erinnere mich an die Sage vom **RIESEN VOM MIRNOCK**, die Lieblingssage meiner Volksschullehrerin. Der See ist der Überrest eines einst größeren Sees, der durch einen Felssturz in den Afritzer See und den Brennsee geteilt wurde. Laut der Sage war es ein Riese, der wutentbrannt den Gipfel vom Mirnock abriss und diesen in den riesigen Ursee schleuderte. Seit dieser Untat haust der Riese angeblich einsam und grimmig in den Nockbergen – kein Wunder, dass ich als Kind nie dorthin zum Wandern wollte.

Spontan beschließen wir das Naturerlebnis noch zu verlängern. Wir paddeln Richtung Seemitte und machen an einem sonnigen Plätzchen halt. Abgesehen von zwei weit entfernten Fischerbooten sind wir allein auf dem See. Die Ruhe und die Stille überwältigen uns. Die Wasseroberfläche wirkt fast statisch und es ist absolut windstill. Um den letzten verbleibenden Stress in unseren Körpern abzubauen, legen wir eine kurze, aber effektive Fitnesseinheit auf den stabilen Allround-Boards ein. Nach einigen Übungen, bei denen wir unser eigenes Körpergewicht als Widerstand einsetzen und ganz schön ins Schwitzen kommen, paddeln wir zurück zum Ufer. Tiefenentspannt erreichen wir nach eineinhalb Stunden wieder unsere **EINSTIEGSTELLE**, an der wir noch ein kurzes Bad im kühlen Nass nehmen.

Nachdem die Boards im Auto verstaut sind, fahren wir zum **FISCHERHOF GLINZNER** 1 am Südufer, wo wir uns auf der Seeterrasse des Traditionshauses Kärntner Schmankerln und ein Glaserl Wein genehmigen.

OSSIACHER SEE

ANSPRUCH
🚣 🚣

EINKEHR

Bereits seit der ersten Hälfte des 19. Jahrhunderts wird der Ossiacher See von „Sommerfrischlern" besucht. Kein Wunder – hat er doch das gewisse „Alles": naturbelassene Ufer, traumhafte Bergszenerie, unvergessliche Sonnenuntergänge sowie beste Wasserqualität. Ruhe und Natur treffen hier auf Sport, Kultur und kulinarischen Genuss.

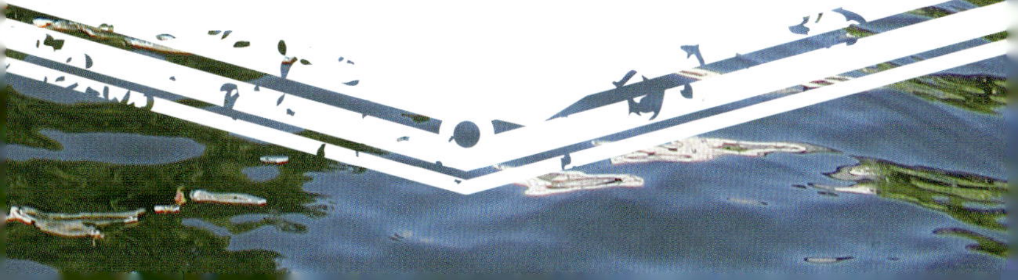

WIND & WETTER

Aufgrund der Größe des Sees kann es bei Wind natürlich zu Wellengang kommen. Bei Gegenwind ist eine Befahrung über die gesamte Länge des Sees enorm erschwert.

BEFAHRUNGSREGELN

Das Befahren im Bereich des Europaschutzgebiets „Tiebelmündung" ist verboten.

Es ist ein entsprechender Abstand von den Röhrichtzonen in den Naturschutzgebieten „Jammernspitz", „Meerspitz" und „Ossiacher See – Westbucht" einzuhalten, um die hier brütenden Vögel nicht zu stören.

GEFAHREN

Auf dem Ossiacher See herrscht Bootsverkehr. Man begegnet sowohl kleinen privaten Booten als auch gelegentlich dem großen Linienschiff. Ungeübte Paddler sollten sich entsprechend vor dem durch Boote verursachten Wellengang in Acht nehmen.

Achtung vor den schnellen Booten der Wasserskifahrer!

ANFAHRT MIT DEM PKW

Von Villach kommend fahren wir auf der B 94 nordostwärts vorbei am kleinen St. Leonharder und Vassacher See. Unter der A 10 (Tauernautobahn) hindurch, erreichen wir kurz darauf einen Kreisverkehr. Wir nehmen die zweite Ausfahrt und bleiben auf der B 94. Nach etwa 400 m kommen wir zu einer Ampel (links Billa-Supermarkt, in der Saison auch sonn- und feiertags geöffnet) und biegen nach rechts (nur Fahrzeuge bis 3,5 t) auf den kleinen „Moosweg" ab. Wir folgen diesem und biegen am Ende rechts ab. Nach wenigen hundert Metern geht vor der Brücke rechts eine kleine Straße ab, dort kann abgeladen & eingesetzt werden.

PARKEN

Kleiner Platz an der Kreuzung Moosweg. Die Parkplätze an der Einsetzstelle sind privat. Aufgrund der wenigen verfügbaren Parkplätze empfiehlt sich ein Tourenstart am frühen Morgen.

ANFAHRT MIT ÖPNV

Vom Villacher Busbahnhof (gegenüber Haupteingang Hbf) Bus 5200 oder 5177 (nur Mo-Fr) Richtung Feldkirchen. Nach 0:11 h Fahrzeit erreicht der Bus 5200 die Haltestelle „St. Andrä Ruine". Von dort gehen wir ein paar Meter zurück zur Kreuzung und wenden uns nach rechts auf die Max-Lauritsch-Straße. Diese mündet in die Ossiacher Straße, der wir bis zur kleinen Brücke folgen. Dort gehen wir links und erreichen nach wenigen Metern die Einstiegsstelle. Ca. 600 m Gehstrecke. Der Bus 5177 fährt bis fast direkt zur Brücke „Villach St.Andrä Seebrücke".

BADEN

Zahlreiche Strandbäder laden am drittgrößten See Kärntens zum Abkühlen ein. Im Sommer erreicht er angenehme Temperaturen von bis zu 27°C. Wasserratten kommen voll auf ihre Kosten – egal ob einfacher Badespaß, segeln oder Wasserski – hier ist alles möglich.

STRANDBÄDER:

» **CAMPINGBAD OSSIACHER SEE** – großer Parkplatz, gratis Liegestühle/Sonnenschirme, Beachvolleyball, Fußball, Streetball, Tischtennis, Seesauna, So ab 15 Uhr Familienspaß. Seeuferstr. 109, 9520 Annenheim.

» **GEMEINDESTRANDBAD OSSIACH** – 93 Meter Wasserrutsche mit eingebauten „Jumps", schwimmender „Eisberg", Beachvolleyball, Mehrzweckspielfeld, Skater-Anlage, Spielplatz. Ossiach 33, 9570 Ossiach.

» **STRANDBAD LAGGNER** – SUP-Vermietung für Gäste, flacher Seezugang für Kinder. Strandweg 3, 9552 Steindorf.

SEHENSWERT

» **STIFT OSSIACH:** Das einstige **BENEDIKTINERKLOSTER** aus dem 11. Jahrhundert ist nicht nur die älteste benediktinische Klosterkirche Kärntens (Führungen nach Anmeldung, www.pfarre-ossiach.at), sondern heute auch ein renommiertes Kulturzentrum und Austragungsort des Internationalen Musikfestivals **CARINTHISCHER SOMMER** (www.carinthischersommer.at).

» **ST. ANDRÄ:** Die **BURGRUINE LANDSKRON** (www.burg-landskron.at), 1351 erstmals urkundlich erwähnt, ist eines der beliebtesten Ausflugsziele des Landes und bietet herrlichstes Panorama auf die umliegende Landschaft inklusive des Ossiacher Sees. Tägl. Greifvogelshow, Affenberg und Feinschmecker-Restaurant.

EXTRA-TIPPS

» Wanderung im **BLEISTÄTTER MOOR** über den „**SLOW TRAIL**" mit Vogelbeobachtung von den Aussichtstürmen, www.kaernten.at/slowtrails

» Fahrt mit der **GERLITZEN KANZELBAHN** (Funpark), weiter mit dem Sessellift oder zu Fuß auf die **GERLITZEN** (1.909 m). Herrliche Aussicht weit über Kärnten, www.gerlitzen.com

» Wer den See aus der Vogelperspektive erleben möchte, kann mit Tandem-Air (www.tandem-air.at) oder Fly4you (www.fly4you.at) dieses Erlebnis mit einem **PARAGLEITER-TANDEMFLUG** von der Gerlitzen aus wahr werden lassen.

» **2 GEHEIMTIPPS:** Kurzer Aufstieg zu den drei **FINSTERBACH-WASSERFÄLLEN** (bis 34 Meter Fallhöhe). Nur wenige Gehminuten vom Seeufer in **SATTENDORF** entfernt. Ein Naturerlebnis! Etwas westlich davon wartet am **OSSIACHBERG** auf 1.000 m Seehöhe die kleine und feine **EDERS EINKEHR** mit herrlicher Aussicht (Do-So ab 12, unbedingt vorab reservieren! Tel. +43 (0)4248 296 86).

TOUREN

1 SEEUMRUNDUNG 🚣🚣
Lange Tour vom Seeausfluss durch den Schilfgürtel, entlang des Nordufers bis zur Tiebelmündung. Am Südufer zurück zum Ausgangspunkt.
LÄNGE 24,5 km | **DAUER** 6-8 h

2 SÜDWESTRUNDE 🚣🚣
Vom Seeausfluss durch den Schilfgürtel, dann am Nordufer bis Bodensdorf, hier Seequerung nach Ossiach und entlang des Südufers zurück.
LÄNGE 18 km | **DAUER** 4:30-6 h

3 NORDOSTRUNDE 🚣🚣
Im Uhrzeigersinn entlang der Uferlinie bis zum Stift Ossiach und am Nordufer zurück.
LÄNGE 7,5 km | **DAUER** 2-2:30 h

EIN- & AUSSTIEG

ROUTE 1 • ROUTE 2 Flüsschen Seebach am Seeausfluss bei St. Andrä.

ROUTE 3 Freie Seezugänge in Bodensdorf (Helmut-Wobisch-Weg) und Steindorf, Parkmöglichkeiten checken.

SUP-VERMIETUNG

1 SURF- & SEGELSCHULE ANNENHEIM
Seeuferstraße 107, 9520 Annenheim
Tel. +43 (0)650 331 80 00
www.surf-segelschule.at

PADDELHAUS, DO 17-20. Fachgeschäft für SUP- & Kanu-Sport, Panoramaweg 6, 9520 Annenheim, www.paddelhaus.at

EINKEHR

1 STIFTSSCHMIEDE
(Fischrestaurant & Zimmer am See)
Ossiach 4, 9570 Ossiach
Tel. +43 (0)676 401 17 93
www.stiftsschmiede.at
Mo-Sa ab 17.30 Uhr

KLASSIKER Exzellente Fischgerichte, Regionales aus dem Alpen-Adria-Raum

2 NATURGASTHOF SCHLOSSWIRT OSSIACH
(Naturküche und Zimmer mit Seeblick)
Prof.-Helmut-Wobisch-Straße 5
9570 Ossiach
Tel. +43 (0)650 539 25 89
www.schlosswirt-ossiach.at
Do-Di 11.30-15 & 18-21.15 Uhr

KLASSIKER Dinkelpalatschinken, Wiesenkräuterravioli

3 GASTHOF & STRANDBAD MESSNER
Ossiachersee Süduferstraße 333
9523 Landskron
Tel. +43 (0)650 958 09 00
www.gasthof-messner.eu

KLASSIKER Kärntner Kasnudel

ÜBERNACHTUNG

❶ HOTEL SEEROSE

Fischerweg 7, 9551 Bodensdorf
Tel. +43 (0)4243 25 14
www.seerose.info
4*-Hotel, Wellness-Angebote, Radvermietung, geführte Wander-, Rad- und Klettertouren

❷ CAMPING BLASGE

Fischerweg 6, 9551 Bodensdorf
Tel. +43 (0)664 423 20 06
www.blasge.at
Camping, Ferienhäuser, Bungalows, Pension, Mobile Homes, Mietwohnwagen, zahlreiche Wassersportangebote inklusive SUP-Schnupperkurse.

❸ CAMPINGBAD OSSIACHER SEE

Seeuferstraße 109, 9520 Annenheim
Tel. +43 (0)4248 27 57
www.camping-ossiachersee.at

❹ SEECAMPING LAGGNER

Strandweg 3, 9552 Steindorf
Tel. +43 (0)650 730 07 06
www.seecamping-laggner.eu

OSSIACHER SEE

NATURJUWEL IN MITTELKÄRNTEN

Der Name des nordöstlich von Villach gelegenen Ossiacher Sees leitet sich vom slawischen Wort „osoje" ab, was so viel wie Schattenseite bedeutet. Eingebettet ist Kärntens drittgrößter See zwischen den bewaldeten Steilhängen der **GERLITZEN** im Norden und den Ausläufern der Ossiacher Tauern im Süden. Durch eine Bodenschwelle in etwa zehn Metern Tiefe wird der See in das kleine östliche Becken und das größere westliche Becken geteilt. Entwässert wird er über den **SEEBACH**, der in Villach in die Drau mündet. Und genau auf diesem beginnt auch unsere Tour.

Wir starten bereits früh morgens in **ST. ANDRÄ**, da an der Einstiegsstelle am **SEEBACH** nur wenige Parkplätze zur Verfügung stehen und die Parkplatzsuche später zu einer nervenaufreibenden Sache werden kann. Zuvor werfen wir noch einen Blick auf die wunderschöne **BURGRUINE LANDSKRON**, die am westlichen Beginn der Ossiacher Tauern auf einem 135 Meter hohen Felskegel über dem Umland thront. Hügelgräber, Steininschriften und Schwerter sind Zeugnisse einer Besiedlung ab dem 9. Jahrhundert vor Christus. Die exponierte Lage der Burg führte zu mehreren Bränden durch Blitzeinschlag. Heute zählt die Burgruine zu einer der wichtigsten Sehenswürdigkeiten Kärntens.

Zuerst fahren wir unter der Brücke hindurch den Seebach entlang. Die artenreiche Flora und Fauna sind beeindruckend. Charakteristische Wasservögel wie Haubentaucher, Blässhühner und Stockenten verstecken sich im Schilf und neben Seerosen und gelben Teichrosen erblicken wir im Röhricht sogar die seltene Sumpfpflanze Kalmus. Beim ehemaligen **WIRTSHAUS SCHÖFFMANN** (Landskron, Ossiachersee Süduferstr. 4), eines der ältesten Wirtshäuser Kärntens, hat man die Möglichkeit, den selbstgebrannten Kalmus-Schnaps zu verkosten und direkt ab Hof als originelles Mitbringsel zu kaufen.

Nach knapp 600 Metern geht es auf den See hinaus. Wir halten uns links, um das Nordufer zu erkunden und wahren dabei einigen Abstand zum Schilfgürtel. Zuerst passieren wir **ANNENHEIM**. Der **SEEPARK ANNENHEIM** hat sich in den letzten Jahren zum Hotspot für Spaß und Action entwickelt – Animationen für Kinder, eine riesige Spielwiese, Wasserski, Parasailing, Donut fahren und zahlreiche Events wie die wöchentliche Nachtwasserskishow oder die Sonnwendfeier.

Auf der Strecke bis **SATTENDORF** nimmt eine Gruppe von **PARAGLEITERN** unsere Aufmerksamkeit in Anspruch. Mit der Kanzelbahn in Annenheim fahren die Adrenalin-Junkies hinauf auf die Gerlitzen, einem der begehrtesten „Flugberge" Österreichs. Aufgrund des großen Höhenunterschieds von fast 1.400 Metern ist er als Eldorado für den Paragleitsport bekannt. Vielleicht hat der ein oder andere Paddler ja nach dem SUPen Lust auf einen Tandemflug an der Seite eines erfahrenen Piloten!

OSSIACHER SEE

Der nächste Ort auf unserer Tour ist Bodensdorf. Kurz vor dem Ort schiebt sich das **NATURSCHUTZGEBIET „JAMMERNSPITZ"** wie ein Riegel in den schmaler werdenden See und wir halten Abstand zum empfindlichen Schilfufer. In **BODENSDORF** lohnt sich ein kurzer Halt um in einem der zahlreichen Cafés und Gasthäuser einzukehren. Besonders sticht uns die einzigartige See-Sauna des 4-Sterne-Hotels **„SEEROSE"** ❶ ins Auge, dessen Gäste sich im wunderschönen Ambiente entspannen. Wer abkürzen möchte, kann von Bodensdorf aus nun direkt Ossiach am gegenüberliegenden Ufer ansteuern und am Südufer wieder zurück zum Ausgangspunkt paddeln. Als Orientierungshilfe dienen hier die Anlegestellen des Linienschiffs, das Touristen aus aller Welt die Möglichkeit bietet, den See zu erkunden und sich dabei kulinarisch verwöhnen zu lassen.

Wir gehen es heute aber sportlich an und steuern das am Ende des Sees liegende **STEINDORF** an. Dort können Kulturinteressierte in den Sommermonaten das **„STEINHAUS"** des berühmten Architekten Günther Domenig bewundern, ein Haus voller "Felsen und Schluchten", dessen Formensprache fasziniert und polarisiert. Aber auch die im 15. Jahrhundert zur Wehrkirche ausgebaute **PFARRKIRCHE HL. JAKOBUS DER ÄLTERE**, im nahen **TIFFEN**, ist einen Besuch wert.

In der Ferne erkennen wir die Mündung der Tiebel am Ostufer und halten darauf zu. Das Flüsschen ist Hauptzufluss des Ossiacher Sees – Mündungsgebiet und Fluss selbst dürfen nicht befahren werden! Die **TIEBEL** durchfließt das hinter dem Ossiacher See gelegene **BLEISTÄTTER MOOR** TIPP . Nach der Paddeltour

Mit Muße auf dem „Slow Trail" das Bleistätter Moor durchwandern

sollte man sich die Gelegenheit nicht entgehen lassen, das Moor auf dem familienfreundlichen **„SLOW TRAIL"** TIPP in zwei Stunden (7 km) zu durchwandern und selten gewordene Vogelarten wie den Pirol oder den Eisvogel von einem der öffentlich zugänglichen Aussichtstürme zu beobachten. Ein Highlight auf der kleinen Wanderung ist die unweit des Moores östlich des Ossiacher Sees gelegene Gastwirtschaft **„FORELLENSTATION AM PREFELNIGTEICH"**, wo Gäste sich mit kostenlos zur Verfügung gestellter Angelrute und Köder ihre Fische selbst fangen können.

Halbzeit – und wir sind zugegebenermaßen schon ziemlich erschöpft. Am Südufer entlang geht es auf **OSSIACH** zu. Vom Wasser aus sehen wir das hübsche **STIFT OSSIACH** mit der barocken Kirche. Die am Abend belebten Promenaden mit den zahlreichen Cafés und Geschäften zeigen sich noch etwas verschlafen. Wunderschöne Seevillen und urige bewohnte Bootshäuser machen das Südufer besonders charmant. Kurz nach dem Stift Ossiach achten wir darauf, das **NATURSCHUTZGEBIET „MEERSPITZ"** mit ausreichend Abstand zu umfahren.

Nach einer nicht zu unterschätzenden Paddelstrecke legen wir an der mittlerweile stillgelegten Schiffsanlegestelle **HEILIGEN GESTADE** an, die sich am Rand der Liegewiese des **GASTHOFS MESSNER** 3 befindet. Hier gehen wir ziemlich hungrig und ermüdet an Land und nehmen im Freien davor Platz. Der Tipp der freundlichen Wirtin – Kärntner Kasnudel und hausgemachte Spinatnudel – ist goldrichtig. Eigentlich wären wir gerne noch geblieben, aber die letzten drei Kilometer Fahrt zurück zum Ausgangspunkt liegen jetzt vor uns. Wir halten auf ein nicht zu übersehendes terrassenartiges Gebäude am Südufer zu. Hier, auf der Schattenseite, erscheint das Wasser des Sees dunkel und geheimnisvoll. Dabei erinnern wir uns an die Erzählung unseres Geschichtsprofessors, demzufolge die Engländer im Jahre 1945 schätzungsweise 1.000 Eisenbahnwaggonladungen Kriegsmunition in den Tiefen des Sees versenkt haben. Seit 1965 werden diese Relikte zweimal jährlich systematisch vom Entminungsdienst des Innenministeriums geborgen und auf einem Truppenübungsplatz gesprengt.

Schlussendlich erreichen wir die Einfahrt zum Seeausfluss und paddeln erneut durch den Schilfgürtel und auf dem **SEEBACH** zu unserem **AUSGANGSPUNKT**. Von hier aus könnten mutige und neugierige Paddler noch ein Stück den Seebach entlangfahren, wir allerdings erfrischen unsere müden Glieder bei einem abschließenden Bad.

DRAU VILLACH – ST. NIKLAS

ANSPRUCH | EINKEHR

🚣🚣 |

Kärntens längster Fluss durchquert das Bundesland von West nach Ost und bietet auf den unterschiedlichen Etappen abwechslungsreiche und vielfältige Reviere für Wassersportler aller Leistungsklassen. Die Etappe von Villach nach St. Niklas eignet sich hervorragend für einen gemütlichen "River Ride".

WIND & WETTER

Entlang dieser Drau-Etappe herrscht gemäßigtes Klima mit teils extremer Hitze von bis zu 35°C – und sogar darüber – in den Monaten Juni bis August. Leichte Brisen sind möglich, meist liegt die Windschwindigkeit jedoch deutlich unter 10 km/h. Bis in den Herbst hinein kann es noch Temperaturen von bis zu 25°C geben. Die Drau lässt jedoch auf den meisten Routen höchstens Wassertemperaturen um die 14°C zu. Neoprenanzüge sind daher für alle Wassersportler obligatorisch.

BEFAHRUNGSREGELN

Vor allem das Gebiet um die Obere Drau ist die Heimat seltener Fisch- und Vogelarten. Aus diesem Grund, sollte man nur an den Brücken, an leicht zugänglichen Uferzonen und an Sandbänken Pausen einlegen, um den sensiblen Lebensraum zu schützen. Die Schifffahrt hat überall entlang der Drau stets Vorrang gegenüber Wassersportlern.

GEFAHREN

Der Einstieg unterm Kraftwerk Rennstein abseits des Radweges ist steinig und etwas steil. Je nach Stelle müssen ein bis eineinhalb Meter Höhenunterschied überwunden werden. Am besten mit festen Schuhen bekleidet und die Boards zu zweit über die kleinen Felsen heben, um Verletzungen und Beschädigungen zu vermeiden. Die Drau ist zwischen den Kraftwerken in Villach und St. Niklas (12 km) sehr ruhig und weist keine Stromschnellen auf. Unter Brücken genügend Abstand zu den Pfeilern halten, denn Wasserverwirbelungen können auftreten und ohne die entsprechende Aufmerksamkeit zu Wasserlandungen führen. Zu beachten ist auch die Schifffahrt, welche stets Vorrang hat.

ANFAHRT MIT DEM PKW

In Villach die Drautal Straße (B 100) in Richtung Spittal/Drau/Salzburg nehmen. Nach dem Überqueren der Drau die erste Abfahrt Richtung Untere Fellach und im darauffolgenden Kreisverkehr die dritte Ausfahrt in den Badstubenweg nehmen. Dem Badstubenweg für ca. 520 m bis zur ersten Weggabelung folgen, nach links abbiegen und nach weiteren 60 m nach rechts in die Draubermen abbiegen.

PARKEN

Entlang der Straße Draubermen besteht am linken Straßenrand die Möglichkeit den Pkw kostenlos abzustellen. Zu Fuß geht man danach maximal 100 m zum Einstieg knapp unter der Brücke (Drautal Straße).

ANFAHRT MIT ÖPNV

Vom Busbahnhof vor dem Villacher Hauptbahnhof mit dem Postbus 5171 bis zur Haltestelle Tiroler Straße/VEZ (Fahrzeit ca. 0:08 h). Vom Einkaufszentrum VEZ zu Fuß nördlich zum Badstubenweg gehen und nach Osten bis zur ersten Weggabelung folgen. Dort nach links abbiegen und nach weiteren 60 m nach rechts in die Straße Draubermen abbiegen. Vom VEZ zur Einstiegsstelle an der Brücke sind es ca. 900 Meter bzw. 10 Minuten Fußmarsch.

BADEN

Die Drau ist kein Badegewässer und wir raten dringend davon ab in ihr zu schwimmen. Die Wassertemperatur der Drau übersteigt auch im Hochsommer kaum 14°C, außerdem ist die Strömung oft schwer einzuschätzen. Eine weitere Gefahr stellt Treibgut dar.

KÄRNTEN THERME – auch für Familien geeignet. Kadischenallee 25, 9504 Warmbad-Villach, Tel. +43 (0)4242 30 01 27 50, www.kaerntentherme.com

DRAU VILLACH – ST. NIKLAS

SEHENSWERT

» **STADTPFARRKIRCHE ZU VILLACH** (Pfarrkirche St. Jakob). Der Turm der spätgotischen Kirche (1136) ist mit 94 m Höhe der höchste Kirchturm Kärntens und kann von Mai-Okt erklommen und besichtigt werden.

» Das **MUSEUM DER STADT VILLACH** ist schon allein aufgrund seiner Architektur und des charmanten Innenhofes einen Besuch wert. Das kleine, aber feine Museum zeigt immer wieder Sonderausstellungen zu regionalen Themenschwerpunkten (www.villach.at/museum).

» Das **„RELIEF VON KÄRNTEN"** im Schillerpark ist eine zwischen 1891-1913 entstandene topografische Darstellung von Kärnten und seinen angrenzenden Gebieten im Maßstab 1:10.000. Mit 182 m² größte Landschaftsplastik Europas (Jun-Okt Mo-Sa 10-16.30, www.villach.at/relief).

 EXTRA-TIPPS

» Jedes Jahr zur Pfingstzeit findet im Ort **PUCH** bei Villach (Gemeinde Weißenstein) der traditionelle **PUCHER KIRCHTAG** statt. Der kleine Bruder des Villacher Kirchtags überzeugt mit Regionalität, Tradition, Musik und Kulinarik.

» Am ersten Wochenende im August findet seit beinahe 80 Jahren der **VILLACHER KIRCHTAG** statt. Das größte Brauchtumsfest Österreichs lockt jedes Jahr bis zu 450.000 Besucher in die malerische Innenstadt. Eine Woche lang lässt sich die Region mit Musik, Tanz und uriger Küche feiern.

» Bergfreunde kommen am **NATURPARK DOBRATSCH** (Villacher Alpe) auf ihre Kosten. Am Ende der 17 km langen Villacher Alpenstraße liegt ein weitläufiges Wandergebiet mit herrlichen Aussichtspunkten über die gesamte Alpe-Adria-Region.

» Der **DRAURADWEG**, welcher sich auch durch Villach zieht, bietet die ideale Abwechslung im SUP-Urlaub. Joggen, Radfahren, Rollerblade fahren oder einfach nur spazieren gehen und dabei Villach und sein Umland kennenlernen.

» **TIERPARK**, **SCHLOSS** und **LABYRINTH ROSEGG** bieten Unterhaltung, Entspannung und Geschichte zum Anfassen für Groß und Klein. Der Tierpark ist tägl. von 9-18 Uhr geöffnet. www.rosegg.at

» Mit dem **DRAUSCHIFF** kann man von Villach bis nach Wernberg fahren und die hier beschriebenen SUP-Touren mit musikalischer Untermalung schon mal „Probe fahren". www.drauschiff.at

TOUREN

1 VILLACH – ST. NIKLAS
Vom Kraftwerk Rennstein bis zum Ausstiegspunkt in St. Niklas am Drauradweg. Vorsicht vor Wellengang aufgrund der Schifffahrt.
LÄNGE 12,5 km | **DAUER** 1:30-2 h

2 VILLACH – SILBERSEE
Vom Kraftwerk in Villach geht eine verkürzte Tour bis zum Naherholungsgebiet Silbersee.
LÄNGE 8,2 km | **DAUER** 1-1:30 h

3 VILLACH – ROSEGG
Eine deutlich längere Strecke führt von Villach bis Rosegg im Rosental.
LÄNGE 16 km | **DAUER** 2-2:30 h

EINSTIEG
● **ROUTE 1** + **ROUTE 2** + **ROUTE 3**
Unterhalb des Kraftwerks in Villach.

AUSSTIEG
● **ROUTE 1** Schiffsanlegestelle St. Niklas.
● **ROUTE 2** Schiffsanlegestelle am Silbersee.
● **ROUTE 3** Kraftwerk Rosegg. Rückfahrt nach Villach per Postbus 5196 von der Bushaltestelle St. Martin/Drau Wehranlage.

MOBILE SUP-VERMIETER & GEFÜHRTE TOUREN

1 DRAU PADDELWEG
Mobiler SUP- & Kanu-Verleih, Personentransfer kann mitgebucht werden
Tel. +43 (0)463 203 23 01 00
www.draupaddelweg.com

2 SUP & SMILE
Mobil oder am Keutschacher See
Tel. +43 (0)650 673 39 45
www.supandsmile.at

DRAU VILLACH – ST. NIKLAS

EINKEHR

1 VILLACHER BRAUHOF
Bahnhofstraße 8, 9500 Villach
Tel. +43 (0)4242 242 22
www.villacherbrauhof.at
Tägl. ab 11 Uhr

KLASSIKER Große Auswahl selbstgebrauter Biere, dazu den Brauhof Burger oder heißes Bauernbrot überbacken mit Speck, Tomate und Paprika.

2 TURMSTÜBERL
Widmanngasse 44, 9500 Villach
Tel. +43 (0)664 565 50 28
Mo-Do 18-01, Fr & Sa 18-02, So Ruhetag

KLASSIKER Probieren sollte man unbedingt das Tatar-Brot oder das Verhackertbrot – ein Bierlokal für Kenner und Feinschmecker.

3 DRAU-RAST
Drau-Promenade, 9500 Villach
Tel. +43 (0)6991 666 88 89
Tägl. 9-22 Uhr

KLASSIKER Jeden Mittwoch im Sommer ist Grilltag.

4 PIZZERIA CASA BARBARA
Rosegger Strasse 29, 9232 Rosegg
Tel. +43 (0)4274 32 26
Tägl. außer Di von 16.30-23 Uhr

KLASSIKER Es muss nicht immer Pizza sein! Auch die Fischplatte ist empfehlenswert.

ÜBERNACHTUNG

1 JUGEND- & FAMILIENHOTEL EGGER
Hugo-Wolf-Straße 10 (Triester Str. 42)
9523 Villach- Landskron
Tel. +43 (0)4242 443 10
www.jugendhotelegger.at

2 YOUTH & FAMILY HOSTELS CARINTHIA IN VILLACH
St. Martiner Straße 13A, 9500 Villach
Tel. +43 (0)4242 563 68
www.hiyou.at

3 GASTHOF HOPF MIT PENSION
St. Magdalener Straße 10
9524 St. Magdalen
Tel. +43 (0)4242 420 76
www.gasthof-hopf.com

DER SANFTE RIESE – GEMÜTLICHE FLUSSTOUR DURCH VILLACH

Die Drau hat ja bekanntlich viele Gesichter, aber auf dieser Teilstrecke zwischen Villach und St. Niklas zeigt sie sich uns von der gemütlichen, freundlichen Seite. Es ist der längste Tag des Jahres und es hat am Spätnachmittag stark geregnet. Dennoch geben die Jungs von **DRAU-PADDELWEG** die Tour kurzfristig frei und wir starten in ein echtes Abenteuer. „Sonnwend-Drau-Tour" nennt sich das Ganze hochoffiziell. Da es unsere erste Fahrt auf diesem Fluss ist, schließen wir uns der DrauPaddelweg-Crew und ihrer Kajakgruppe an und lassen uns vom Guide Steffen erstmal sicherheitstechnisch einweisen, bevor es unterhalb des **KRAFTWERKS IN VILLACH** ins 12°C kühle Wasser geht. Aus Sicherheitsgründen sollten Neoprenanzüge und Schwimmweste getragen werden.

DRAU VILLACH – ST. NIKLAS

Der Wasserstand ist nach dem Regenwetter hoch, aber die Fließgeschwindigkeit - auch aufgrund des Kraftwerkes - relativ gering. Beinahe herbstlich mutet es an, wie die Dampfschwaden überall entlang des Flusses aufsteigen. Zunächst geht es durch die westlich gelegenen, ruhigen Wohnbezirke Villachs. Hier sind die Ufer noch relativ unverbaut und man treibt parallel zum **DRAURADWEG** gemächlich flussabwärts dem Stadtzentrum entgegen.

Nach ungefähr zwanzig Minuten erreichen wir die erste Eisenbahnbrücke und sind kurz darauf mitten in **VILLACH** angelangt. Eine Ansammlung von Kajaks und SUPs mitten im Fluss sieht man nicht alle Tage und so werden wir von allen Seiten fotografiert, manche winken, einige rufen uns zu. Die Stadt aus einem komplett neuen Blickwinkel zu erleben ist interessant und macht unheimlich viel Spaß. Zwischen den Dächern um den Hauptplatz herum ragt der fast 100 Meter hohe Turm der Stadtpfarrkirche in den Himmel. Im Hochsommer und zur Weihnachtszeit ist dieser meist gut beleuchtet und von weitem erkennbar - sozusagen der Leuchtturm der Villacher Wassersportler. Es geht vorbei am Congress Center der Stadt mit seiner exclusiven **LAGANA BAR** inklusive Südblick über den Fluss.

Wir passieren kleine Cafés sowie die zwei Brücken im Stadtkern der Draustadt. Jede Flusswindung wird mit Spannung in Angriff genommen, da wir wissen möchten, was als Nächstes kommt. Wir verlassen die Stadt in Richtung Silbersee, einem Naherholungsgebiet außerhalb von Villach. Unterwegs blicken wir über die wunderschöne, fast unberührte Landschaft zurück, um den Sonnenuntergang und das Spiel der abziehenden Gewitterwolken zu genießen. Dabei tauschen wir unsere Erfahrungen am SUP mit den anderen aus und haben eine echte „Gaude", wie es in Kärnten so schön heißt, wenn es richtig lustig wird.

Nach einer Stunde erreichen wir den **SILBERSEE (AUSSTIEG ROUTE 2** 🔴**)**, einen rund acht Hektar großen Schotterteich samt Naherholungsgebiet östlich von Villach. Neben zwei öffentlichen Strandbädern gibt es Beachvolleyball-Plätze und einen kleinen Calisthenics Park. Hier gehen wir bei der Schiffsanlegestelle an Land und genießen eine kleine Stärkung in der Abenddämmerung. Das Equipment lassen wir an Ort und Stelle liegen und machen es uns an den Holztischen am Badestrand gemütlich. Ein Villacher Bier darf dabei natürlich nicht fehlen. Die Kajaks unserer Mitpaddler sind ja zum Glück groß genug, um Kühlboxen sicher zu transportieren.

Dann geht es auch schon weiter, die letzte Etappe ruft. Ab dem Silbersee wird es wirklich urig, wir sind komplett alleine und trotzen der einfallenden Dunkelheit, die auch am längsten Tag des Jahres nicht länger auf sich warten lässt. Nur mehr wenige Häuser und Siedlungen befinden sich in Flussnähe. Bis wir in St. Niklas ankommen, windet sich die Drau großteils durch bewaldetes Gebiet und wir unterqueren die Karawanken-Autobahn. Wer hier zu lange nach oben zur Brücke hinaufsieht, riskiert die Balance zu verlieren und der Dichte seines Neoprenanzuges vertrauen zu müssen. Auch gilt es aufgrund der Dunkelheit vorsichtig an den Pfeilern vorbeizufahren, man will ja nicht kurz vorm Ziel noch vom SUP fallen. Nach weiteren zwei Kilometern ist **ST. NIKLAS** mit seinen Lichtern schon in Sicht und wir gehen an der **SCHIFFSANLEGESTELLE** 🔴 an Land. Alle sind – trotz der Villacher Bier-Pause – trocken geblieben, jeder ist begeistert und wir planen schon unsere nächste Tour am längsten Fluss des Bundeslandes. Man könnte ja schließlich noch bis zur Staustufe **ROSEGG (AUSSTIEG** ROUTE 3 🔴**)** weiterfahren.

FAAKER SEE

ANSPRUCH | EINKEHR

Karibik-Feeling pur mit bis zu 27°C warmem Wasser bietet der türkisblaue Faaker See unweit von Villach. Aus dem natürlichen Badesee ragt eine teilbewaldete Insel mit Tennisplätzen, historischem Bootshaus, weitläufigem Strand und einem Inselhotel. Einzigartig ist der befahrbare Schilfgürtel, der mit einer unglaublichen Tier- und Pflanzenwelt aufwartet.

Strandcamping Gruber

WIND & WETTER
Normalerweise windarm, Gefahr schnell aufziehender Gewitter im Sommer.

GEBÜHREN FAAKER SEE
Der Faaker See ist in Privatbesitz, die Gutsverwaltung Landskron erhebt für das Stand Up Paddling eine Tagesgebühr (z. Zt. 7,55 €, Monats- & Jahreskarten möglich). Diese kann direkt bei der Gutsverwaltung oder in einem der Strandbäder entrichtet werden.

ANFAHRT MIT DEM PKW
Von Villach aus die Faakersee Straße (B 84) Richtung Süd-Osten nehmen, der Straße weiter folgen, durch Drobollach durchfahren (die Straße heißt jetzt Seeblickstraße). In Egg am Faaker See wendet sich die Straße nach Süden, ab hier noch 1,2 km bis zum Strandbad Egg, welches sich zur rechten Hand findet. Hier gibt es auch Parkplätze.

PARKEN
Beim Parkplatz des Strandbades Egg (Egger Seeuferstraße 80), der Parkplatz ist kostenlos, Eintrittsgebühr für das Strandbad selbst (Erwachsene 3,30 €).

ANFAHRT MIT ÖPNV
Vom Villacher Busbahnhof (gegenüber Haupteingang des Hauptbahnhofs) den Bus 5194 nehmen. Ausstieg an der Station Neuegg, von dort wenige Schritte nach Norden bis zum Strandbad Egg.

BADEN
Das türkisblaue Wasser des südlichsten natürlichen Badesees Österreichs macht den Faaker See zu einer wahren Perle. Die Wassertemperatur erreicht im Sommer bis zu 27°C – Karibik-Feeling!

STRANDBAD EGG am Faaker See – für Familien geeignet, Kinderspielturm, Liegewiese mit Schattenplätzen, Tischfußball, Radvermietung.

STRANDBAD DROBOLLACH – für Familien geeignet, 102 Meter lange Wasserrutsche, Beachvolleyball, Tischtennis, Bootsvermietung, Gastronomie.

SEHENSWERT

» **BURGARENA FINKENSTEIN**: Von der Burgruine aus dem 12./15. Jahrhundert, in der Festspielaufführungen und Konzerte stattfinden, hat man einen atemberaubenden Blick über den Faaker See, www.burgarena.at

» Der **ZITRUSGARTEN** in **FAAK AM SEE** ist eine Kombination aus botanischem Garten und einem Feinkost-Bio-Laden. Antike Sorten aus dem 16. Jahrhundert, exotische Sorten, www.zitrusgarten.at

Burgruine Finkenstein

Waldseilpark Taborhöhe

EXTRA-TIPPS

» In Faak am See findet von Mai bis September donnerstags von 17 - 22.30 Uhr der **BAUERNMARKT** statt. Volksfestcharakter mit lokalen kulinarischen Spezialitäten von Honigschnaps bis Speckbrot.

» Die **TABORHÖHE** (www.hochhinauf.at) östlich des Faaker Sees bietet actionreiche Stunden mit **WALDSEILPARK** und **3D-BOGENPARCOURS**. Wunderschöner Blick über den See, Einkehrmöglichkeit in der **TABORHÜTTE** - hier werden authentische, frisch zubereitete Speisen (ohne Strom!) serviert. Unbedingt das Schwarzbeeromelette probieren!

» Der landschaftlich schön gelegene **KLETTERGARTEN KANZIANIBERG** mit über 500 gut gesicherten und sanierten Routen bietet auch Kletterkurse und geführte Touren. Einige Routen sind für Kinder geeignet, www.kanzianiberg.com

» Ein beliebter **RAD- UND WANDERWEG**, der die schönsten Plätze entlang des **FAAKER SEEBACHES** und des **FINKENSTEINER MOORS** verbindet, informiert mit Schautafeln zu Flora und Fauna.

» Mit bis zu 40.000 Harley-Davidson-Fahrern ist das internationale **HARLEY-TREFFEN** Anfang September in **FAAK** die größte Veranstaltung der Rocker- und Biker-Szene Europas. Das Highlight: die große Parade!

TOUREN

1 SEETOUR MIT SCHILFGÜRTEL UND INSELUMRUNDUNG

Von Egg am See nördlich der Insel zum Schilfgürtel, durch das Schilf bis Camping Poglitsch und retour. Rückfahrt entlang der Inselsüdseite bis zum Ausgangspunkt.
LÄNGE 5,9 km | **DAUER** 2-2:30 h

2 SEEUMRUNDUNG
Von Egg am See im Uhrzeigersinn einmal rund um den See.
LÄNGE 7 km | **DAUER** 2:15 h

EIN- & AUSSTIEG ROUTE 1 + 2
● Strandbad Egg

SUP-VERMIETUNG & KURSE

1 KAJAKCENTER FAAK
Egger Seeuferstraße 80
9580 Egg am Faaker See
Tel. +43 (0)4254 504 32
www.kajak-faak.com

Pizzeria Camping Poglitsch

EINKEHR

1 PIZZERIA GIUSEPPE
Seeufer-Landesstraße 51
9583 Faak am See
Tel. +43 (0)4254 30 68
www.giuseppes-pizzeria.at
Di-So 9-22 Uhr

KLASSIKER Pizza und mediterrane Küche vom Feinsten

Die Strandbar

2 DIE STRANDBAR
Egger Seeuferstraße 50
9580 Egg am Faaker See
Tel. +43 (0)676 560 90 30
www.diestrandbar.at
Im Sommer tägl. 13-22 Uhr

KLASSIKER Große Auswahl an Cocktails & grandioser Blick in den unvergesslichen Sonnenuntergang

3 GÖTZLSTUBE IM KARNERHOF
Karnerhofweg 10, 9580 Drobollach
Tel. +43 (0)4254 21 88
www.karnerhof.com
Di-Sa von 18-21 Uhr

KLASSIKER 3-Hauben-Gourmet-Restaurant mit tollen Gerichten aus dem Alpe-Adria-Raum

ÜBERNACHTUNG

❶ STRANDCAMPING GRUBER
(Camping, Mobilheime)
Strand-Nord 3, 9583 Faak am See
Tel. +43 (0)676 706 51 97
www.strandcamping.at

❷ CAMPING ANDERWALD
(Baumzelte!) Strand Nord 4, 9583
Faak am See, Tel. +43 (0)4254 22 97
www.campinganderwald.at

❸ CAMPING POGLITSCH
(Kinderbadesee, Mietcaravans)
Kirchenweg 19, 9583 Faak am See
am Badeteich am Ende des Schilf-
gürtels, Tel. +43 (0)4254 27 18
www.kindercamping.at

❹ INSELHOTEL FAAKER SEE
Inselweg 10
9583 Faak am See
Tel. +43 (0)4254 21 45
www.inselhotel.at

❺ RETRO-PENSION „HAUS AM SEE"
Erlenweg 12 (Pension Stissen)
9583 Faak am See
Tel. +43(0)4254 32 16
www.pension-stissen.com

❻ PENSION SONNENHOF
Strandbadstraße 29 & 25
9580 Drobollach
Tel. +43 (0)4254 21 90
www.sonnenhof-treiber.com

FAAKER SEE

DURCH DIE „EVERGLADES VON KÄRNTEN"

Unsere heutige Tour starten wir direkt am **STRAND** des öffentlichen Freibads in **EGG**. Da sich der See im Besitz der Familien Bucher und Catasta befindet, müssen wir zusätzlich zum Tageseintritt eine Gebühr für das Mitbringen unserer eigenen Boards entrichten – ein teures Vergnügen. Aber bereits der erste Blick auf den türkis-blauen See stimmt uns versöhnlich. Die wunderschöne Farbe des Faaker Sees ist dem hohen Gehalt an feinsten Kalkpartikeln geschuldet, welche durch den Hauptzufluss, den Worounitza-Bach, herangetragen werden. In den frühen Morgenstunden zeigt sich das Gewässer von seiner schönsten Seite. Der Faaker See liegt südöstlich von

Villach am Fuße des Mittagskogels und ist mit einer Fläche von 220 Hektar und einer maximalen Tiefe von 29,5 Metern der fünftgrößte See Kärntens. Er wird von einer von West nach Ost verlaufenden Bodenschwelle in zwei Becken geteilt. An der höchsten Stelle ragt diese als Insel ganze 12 Meter über den Wasserspiegel.

Wir entscheiden uns für eine gemütliche Runde und paddeln auf die Erhebung zu, nicht ohne uns zuvor eine markante Stelle in der Nähe des Ausgangspunktes gemerkt zu haben, da sich am Ostufer ein Campingplatz an den anderen reiht. Entlang des nördlichen Inselufers haben wir die Möglichkeit von unseren Boards aus Fische und Wasservögel zu beobachten. Kurz nach der Insel, immer noch im nördlichen Becken, liegt zu unserer Linken im Schilf versteckt der Eingang in den rund eineinhalb Kilometer langen Schilf-Mäander, auch **„EVERGLADES KÄRNTENS"** genannt und tatsächlich für viele noch ein Geheimtipp.

Der Abfluss des Sees zum Fluss Gail hin führt über den Seebach auf verschlungenen Wegen durch den Schilfgürtel. Behutsam durchfahren wir den mäandernden schmalen und teils sehr flachen Wasserlauf. Nach jeder Kurve erwartet uns eine neue Überraschung, Seerosen, Entenfamilien und Morgenschwimmer kreuzen unseren Weg. Ganz plötzlich öffnet sich der Schilfgürtel und gibt den Blick auf einen wunderbaren Badeteich frei, der zum **KINDERCAMPING POGLITSCH** ❸ (mit Pizzeria 🍴) gehört, einem 6 ha großen naturparkähnlichen

Gelände mit Kinderspielplätzen, Kinderbadesee, Sportanlagen u.v.m. Wer mit Kindern Urlaub macht, ist hier sicher gut aufgehoben. Im Hintergrund erhebt sich die hübsche gotische Kirche St. Stefan der Marktgemeinde Finkenstein.

Auch wenn die Badewiese noch so verlockend aussieht, machen wir kehrt und kommen durch den Schilfgürtel wieder zurück auf den See. Wir drehen vor der Insel nach rechts ab und paddeln ins Südbecken des Faaker Sees. Majestätisch erhebt sich der **MITTAGSKOGEL** als pyramidenförmiger Felskegel, der beinahe wie ein Vulkan anmutet, in der Morgensonne. Entlang des Südufers der Insel passieren wir das **INSELHOTEL** ❹, schon im 19. Jahrhundert ein beliebtes Ausflugsziel der Österreicher. Der Villacher Chronist Carl Ghon bemerkte dazu: "Der Besuch der Faaker-See-Insel, die Eigenthum des Fürsten Friedrich Lichtenstein ist, wird leider häufig erschwert, da am See wenig Boote zu Verfügung der Touristen stehen. Fremde mögen demnach wegen der Uebersetzung auf die Insel sich beim Bauern in Drobollach erkundigen, oder am nördlichen Ufer, knapp am See, mit lauter Stimme die Bewohner der Insel rufen, die dann alsbald mit einem solid gebauten Boote herbeifahren." Bald wurde den Besuchern auch die Möglichkeit geboten, in "sehr gut eingerichteten

Bildstock mit Mittagskogel

Fremdenzimmern" zu übernachten und aus dem ehemaligen Gehöft wurde das Hotel "Wilhelm Schwelle". Heute ist es das einzige Inselhotel Österreichs und Gäste können bei der Anlegestelle Faak am See rund um die Uhr das Inseltaxi und nicht mehr den Fährmann rufen.

Wir paddeln bewusst langsam, um einen Blick auf das denkmalgeschützte Badehaus aus dem Jahre 1926 werfen zu können. Am Ende der Insel angekommen, suchen wir uns einen geeigneten Platz zum Anlegen. Im Fichtenwald entdecken wir eine gemütliche Bank im Schatten und genießen unsere mitgebrachte Jause.

Badehaus von 1926 auf der Fakker-See-Insel

Alternativ bietet sich am Faaker See eine Seeumrundung an, die auch für Anfänger und Ungeübte gut machbar ist. Ausgehend vom **STRANDBAD EGG** 🔴 paddelt man Richtung Süden bis zum **GEMEINDEBAD FAAK** – als markanter Navigationspunkt bietet sich hier der große Nivea-Ballon an, das Ufer ist touristisch stark genutzt und dementsprechend verbaut. Man fährt dann immer der Uferlinie entlang durch die Passage bei der Insel und erreicht das nördliche Becken. Hier kann man dann das weitgehend naturbelassene Westufer Richtung Norden bis nach **DROBOLLACH** entlangfahren. Von dort paddelt man dann noch ca. 1,5 km bis man wieder den Ausgangspunkt 🔴 erreicht.

FAAKER SEE

FORSTSEE

ANSPRUCH | EINKEHR

Etwa einen Kilometer nördlich des Wörthersees, zwischen Velden und Saag, liegt mitten im Wald der kleine Forstsee. Mit seinen interessanten Gesteinsformationen und versteckten Buchten lädt er zu einer kurzen Erkundungstour zwischendurch oder zu einem gemütlichen Bad abseits des Massentourismus der großen Kärntner Seen ein.

WIND & WETTER

Durch den zu allen Seiten angrenzenden Wald ist es am See meist windstill. Strömungsarmes Revier mit sehr ruhigem Wasser.

GEFAHREN

Da das Ufer an vielen Stellen relativ felsig und steinig ist, könnten Kinder und Ungeübte sich leicht verletzen. Vor allem im Einstiegsbereich ist das Wasser sehr seicht. Hier sollte man von Gesteinsformationen nahe der Wasseroberfläche fernbleiben, um Board und Finnen zu schonen.

ANFAHRT MIT DEM PKW

Von Villach und Klagenfurt jeweils über die Autobahn A 2 nach Pörtschach am Wörthersee fahren. Von der Autobahn abfahren und auf der B 83 Richtung Saag am Wörthersee fahren. Bei Saag der Straßenbeschilderung Richtung Forstsee für ca. 2,5 km folgen.

PARKEN

Abseits des Seeufers befindet sich ein großzügig angelegter Parkplatz (mit WC), der in der warmen Jahreszeit ab 9 Uhr kostenpflichtig ist (ab 14 Uhr reduziert). Gebühr je nach Saison 3 - 3,50 €. Vom Parkplatz führen zwei Waldwege in 0:03 h leicht bergauf zum See.

ANFAHRT MIT ÖPNV

- Ab Klagenfurt Hbf: Mit dem ÖBB-Postbus 5321 bis Trabenig bei Pörtschach. Von dort zu Fuß bis zum Forstsee (ca 2 km / 25 min).
- Ab Villach Hbf: S-Bahn S 1 bis Töschling, dann zu Fuß 400 m (ca. 0:06 h) zum Fremdenverkehrsamt, wo der ÖBB-Postbus 5321 nach Trabenig bei Pörtschach fährt. Von dort zu Fuß bis zum Forstsee (ca 2 km / 25 min).

Der „Bahnhof-Shuttle" (siehe Seite 6) bringt Euch inkl. Sportgerät direkt und bequem zur Unterkunft in die Region Wörthersee-Forstsee. Info: Bahnhof-Shuttle Hotline, Tel. +43 (0)4242 420 00 24, www.bahnhofshuttle.at

BADEN

Der Forstsee ist ein Insider-Tipp für all jene, die in unverbauter Natur und ohne Zeitdruck baden möchten. Der eigentlich als Stausee genutzte See bietet zwar kein präpariertes Strandbad, dafür aber rundum über einen Wanderweg zugängliche Buchten mit interessanten Gesteinsformationen und tiefschwarzem Wasser. Er weist dieselbe gute Wasserqualität auf, wie der Wörthersee. Der See ist vor allem bei FKK-Gästen beliebt.

Wer dem nackten Körperkult entgehen möchte, sollte am frühen Vormittag seine SUP-Tour starten.

Wegen der felsigen Ufer ist mit Kindern Vorsicht geboten!

SEHENSWERT

» **SCHAUKRAFTWERK FORSTSEE:** Das Jugendstil-Krafthaus (www.kelag.at) am Ufer des Wörthersees zwischen Pörtschach und Velden zeigt wie anno dazumal und heute Strom erzeugt wird (Mai-Okt 10-18, Mo Ruhetag, Jul-Aug tägl. 10-18).

» **ARNDORF:** Das **TSCHACHONIGKREUZ** von Arndorf, 1499 errichtet, ist der wohl größte spätgotische Nischenbildstock Kärntens mit einer Höhe von 8 Metern und einer Tabernakelbreite von 1,5 Metern.

» Von der gotischen **FILIALKIRCHE HL. BARTHOLOMÄUS** (1363 erwähnt) im Ort **ST. BARTLMÄ** hat man einen gewaltigen Rundblick über Kärnten.

EXTRA-TIPPS

» Der 4,5 km lange **FORSTSEE-RUNDWEG** führt den Besucher 1 Stunde durch gut gebahntes Gelände entlang des Seeufers. Dabei geht es im Westteil des Sees über ein Teilstück einer antiken Römerstraße, die unter Denkmalschutz steht.

» Die **DREI-SEEN-TOUR** führt Wanderfreunde von Mai-Sep jeden Montag ab 10 Uhr zum Wörthersee, Forstsee sowie zum Saisersee. Dauer: ca. 4 h. Treffpunkt Schiffsanlegestelle gegenüber Schlosshotel Velden. Kosten: 15,- €, bzw. mit der Wörthersee PLUS Card: 7,5 €.

TOUREN

1 SEEUMRUNDUNG
LÄNGE 2,4 km | **DAUER** ca. 0:45 h

EIN- & AUSSTIEG
🔴 Nordostufer des Sees am Aussichts-Bilderrahmen. Auf kurzem, unbefestigtem Weg gehts vom Parkplatz in 0:03 h zum See.

SUP-VERMIETUNG
Vor Ort keine SUP-Vermietung. Nächste SUP-Vermieter am Wörthersee (siehe Seite 109).

Urig – Gasthaus Kupper

Kasnudeln – Gasthaus Kupper

EINKEHR

1 GASTHAUS KUPPER
Köstenberger Str. 279, 9220 Velden am Wörthersee (OT Kerschdorf)
Tel. +43 (0)4274 73 31
Küche 12-14 + 18-21 Uhr, Mo Ruhetag

KLASSIKER Deftige Hausmannskost in uriger Gaststube – die Kasnudeln sind eine Wucht.

2 ELECTRIC GARDEN
Saag 15, Techelsberg am Wörthersee
Tel. +43 (0)676 930 41 41
www.electricgarden.at
Apr-Sep 12-22, Sa+So ab 10, Apr+Sep Mi Ruhetag

KLASSIKER Avocado-Mango Salat mit Garnelen, Garden-Burger, Live OFYR-Grill, Sa+So 10-11.30 tolles Frühstück

ÜBERNACHTUNG

1 GÄSTEHAUS ASTRID
Tibitsch 46, 9212 Techelsberg
Tel. +43 (0)4272 27 16
gaestehaus-astrid.jimdofree.com

2 PENSION KRAKOLINIG
Sekull 87, Pörtschach am Wörthersee
Tel. +43 (0)664 441 48 82
www.pension-krakolinig.at

3 BIOGASTHAUS & PENSION WANKER
Produkte aus eigener Landwirtschaft
Hadanig 2, 9212 Techelsberg
Tel. +43 (0)4272 62 06
www.biogasthaus.at

4 FEWO HAUS BABIN (2 SUP für Gäste)
Töschling 97, Tel. +43 (0)660 146 62 25

NATURJUWEL IN DEN GURKTALER ALPEN

1 Den Forstsee kann man gut und gerne als wahren Geheimtipp bezeichnen, zumindest für jene, die am liebsten unberührte Natur erleben. Rund einen Kilometer nördlich von Kärntens wohl bekanntestem See, dem Wörthersee, liegt auf 601 m ü.M. das 29 Hektar kleine Juwel. Bereits vor rund 20.000 Jahren – in der letzten Eiszeit – schürften die mächtigen Eismassen des damaligen Draugletschers unter anderem auch das Becken dieses einen Kilometer langen und rund 700 Meter breiten Sees.

Wir parken unser Auto am großzügigen Parkplatz unterhalb des Nord-Ost-Ufers. Vom oberen als auch vom unteren Ende des Parkplatzes führt je ein kurzer Waldweg leicht bergauf zu unserem Einstiegspunkt. Erst direkt am See setzen wir die Pumpe an, denn der wurzelige Anstieg am oberen Ende des Parkplatzes wäre mit aufgeblasenen SUPs zu umständlich. Direkt unter dem **„AUSSICHTS-BILDERRAHMEN"** finden wir einen idealen **EINSTIEG** mit Blick nach Süd-Westen, quer über den gesamten See. Einziger Nachteil: Pumpen, Bags und restliches Equipment, das nicht mit aufs Wasser kommt, muss entweder vertrauensvoll am Uferrand in den Büschen aufbewahrt werden oder zuvor zurück zum Auto gebracht werden.

Wir stechen im seichten Wasser in See und fahren am Nordufer an einigen Fischern vorbei und schmunzeln über die ersten sympathischen FKK-Schwimmer, die uns – mit typischem Kärntner Humor – einladen, doch auf dem SUP auch die Hüllen fallen zu lassen. Der Forstsee ist ein beliebter FKK-Spot, an dem bekleidete und hüllenlose Wasserratten gemeinsam die herrliche Natur genießen. Da keine Straße unmittelbar am See vorbeiführt und es auch keine Anrainer gibt, fühlt sich hier auch niemand gestört. Wer dem FKK-Feeling jedoch nichts abgewinnen kann, sollte an schönen Tagen die Stille und Naturbelassenheit des Sees recht früh erkunden und am späten Vormittag seine Tour beendet haben.

Entlang der wenigen Seehäuschen geht es Richtung Westen. Von hier aus sieht man sogar die Karawanken mit ihrem dominanten Mittagskogel, der sich an der Grenze zu Slowenien über 2.145 m Seehöhe erhebt. Der 35 Meter tiefe See, dessen Wasserqualität der des Wörthersees in nichts nachsteht, dient dem Speicherkraftwerksbetrieb. Eine Druckrohrleitung führt von hier oben hinunter zum Forstseekraftwerk am Nordufer des Wörthersees. Auffällig ist die dunkle Farbe des Wassers, was daran liegt, dass das Ufer schnell sehr steil abfällt. Besonders am Nordufer sehen wir unzählige Fischkolonien direkt neben unseren Boards blitzschnell vorbeischwimmen. Zander, Welse, Hechte, aber auch Flussbarsche, Karpfen und Bachsaiblinge nennen den Forstsee ihr Zuhause.

Auf den tollen, teils sehr glatt geschliffenen Gesteinsformationen finden Sonnenanbeter ideale Bedingungen, um ihr Handtuch auszubreiten. Klippen-

springer freuen sich über die tollen Spots, um aus mittleren Höhen ihre Salti zu üben. Ab und zu ragt ein umgekippter Baum weit in den See hinein und verleiht dem Ufer eine mystische Atmosphäre. Viele der kleinen Buchten sind wahrscheinlich auf dem Wasserweg schneller erreichbar, als über den Rundweg. Auch wir legen zum Abschluss unserer Umrundung in einer kleinen, idyllischen Bucht am östlichen Ufer an. Der See bietet bei rund 25°C Wassertemperatur optimale Bedingungen für eine angenehme Erfrischung am heißen Sommertag.

Auf dem Rückweg können wir auf dem Wasser die wenigen Fischerboote beobachten und freuen uns auf unsere kleine Wanderung auf dem 4,5 Kilometer langen **UFER-RUNDWEG** TIPP, der viele schöne Fotomotive bietet. Am Westufer laufen wir dabei sogar über ein denkmalgeschütztes Stück „Straße". Es gehört zur sogenannten „Römerstraße", Teil des antiken Straßenzuges der in Richtung des nahen Maria Saal führte. **MARIA SAAL** war dereinst das Municipium Claudium Virunum, eine römische Stadt auf dem Gebiet des heutigen Zollfelds.

Nach soviel Aktivität stehen wir vor der Entscheidung mit den Boards auf dem Autodach zum **SCHAUKRAFTWERK FORSTSEE** zu fahren und uns im chilligen **ELECTRIC GARDEN** 2 in traumhafter Seelage am Wörthersee verwöhnen zu lassen, – oder doch lieber in die urige, mit Holz verkleidete Gaststube des **GASTHAUS KUPPER** 1 im Dörfchen Kerschdorf bei Velden?

„Electric Garden" – Strandbar & Seerestaurant in traumhafter Lage am Wörthersee

WÖRTHERSEE

ANSPRUCH
👉 – 👉👉👉

EINKEHR

„Österreichische Riviera" wird der smaragdgrüne See vor reizvoller Bergkulisse gerne genannt. Und tatsächlich wärmt sich der größte See Kärntens im Sommer in Ufernähe auf bis zu 28 °C auf. Wegen der hervorragenden Wasserqualität und seiner Größe bietet der See den SUP-Fans grenzenloses Paddelvergnügen – Wörthersee wir kommen!

WIND & WETTER
Prinzipiell hat der Wörthersee eine relativ windgeschützte Lage. Von Mai bis Juni herrschen zumeist Westwinde mit Stärken um die 3-4 Knoten, von August bis Oktober gibt es typischerweise Ostwind um die 3 Knoten.

Aufgrund der Seegröße kann es bei Gewittern oder höheren Windstärken kräftigen Wellengang geben. Eine Rückfahrt per SUP kann dann schwierig bis unmöglich werden.

BEFAHRUNGSREGELN
Das Befahren der Verlandungszone rund um das Naturdenkmal „Kapuziner Insel", des Naturschutzgebietes „Gut Walterskirchen" und des Europaschutzgebietes „Lendspitz-Maiernigg" ist verboten!

GEFAHREN
Am Wörthersee herrscht reger privater als auch Linienschiffverkehr, man sollte daher stets die Augen offenhalten und vorausschauend fahren. Insbesondere die Zugboote von Wasserskifahrern sind sehr zügig unterwegs. Ungeübte Paddler sollten den Wellengang durch den Schiffverkehr nicht unterschätzen und ihre ersten Versuche auf dem Board nur in Ufernähe absolvieren.

ANFAHRT MIT DEM PKW
Von der A 2, der Südautobahn, nehmen wir die Abfahrt „Klagenfurt Wörthersee". Wir biegen an der ersten Kreuzung rechts ab auf die Villacher Straße. Nach etwa 290 Metern an der Ampel halb links auf die Straße „Metnitzstrand". Nach einem Kilometer Fahrt kommen wir am Strandbad Klagenfurt an, der Parkplatz findet sich links.

PARKEN
Am großen Parkplatz direkt gegenüber vom Strandbad Klagenfurt.

ANFAHRT MIT ÖPNV
Vom Klagenfurter Busbahnhof (vis-à-vis Hbf) mit dem Bus (Nummer 40, 41, 43, 80, 81, 94) zum Heiligengeistplatz. Hier umsteigen in die Linie 10, 20 oder 92 bis zur Haltestelle Strandbad.

BADEN

Ein ausgiebiges Bad im bis zu 28 Grad warmen Wörthersee sollte man sich, wenn man in der Region ist, auf keinen Fall entgehen lassen. Neben den wenigen freien Seezugängen hat man in einem der zahlreichen Strandbäder rund um den See die Möglichkeit dazu.

STRANDBÄDER

- **STRANDBAD MARIA-LORETTO** – Gastronomie, viele Schattenplätze, SUP-Vermietung, 5 lange Badestege.
- **STRANDBAD MAIERNIGG** – Restaurant mit Terrasse direkt am See, große Grünfläche, Wassersportangebot, SUP-Vermietung.
- **STRANDBAD SCHIEFLING** – große Liegewiese, Wassersportangebot, Kinderspielplatz, Kneippbach.
- **STRANDBAD VELDEN** – schöner Steg, feine Liegewiese, Restaurant, SUP-Vermietung.
- **PROMENADENBAD PÖRTSCHACH** – einzigartige Lage auf einer Halbinsel, 100 m lange Bogenbrücke zur Blumeninsel, riesiger Rutschenturm mit 75 m langer Wasserrutsche, SUP-Vermietung, Wassersport, Gesamtgröße 15.000 m^2.
- **PARKBAD KRUMPENDORF** – Top-Gastronomie, tägliches Fit und Fun-Programm, Hängemattenlounge, Beachshop, SUP-Vermietung.
- **KLAGENFURT** – eines der größten Binnenseestrandbäder Europas, Wasserrutsche, Volleyballplätze, SUP-Vermietung, Gastronomie.

SEHENSWERT

- **KLAGENFURT:** Natürlich die Altstadt! Aber . . . eine Zeitreise vom Urknall bis zum Menschen oder eine spannende Expedition ins intergalaktische Sonnensystem - im **PLANETARIUM** (Villacher Str. 239) eröffnen sich immer wieder neue Welten. Nebenan im **MINIMUNDUS** gibt es die Möglichkeit 159 Modelle bekannter Bauwerke aus 40 Ländern zu betrachten. Die Modelle im Maßstab 1:25 werden zum Teil mit Originalmaterialien wie Marmor, Sandstein oder Lavabasalt nachgebaut - so kann man (fast) die ganze Welt an einem Tag entdecken. Über 1.000 Reptilien auf über 4.000 m^2 kann man - ebenfalls nebenan - im **REPTILIENZOO HAPP** bestaunen.

Halbinsel Maria Wörth mit Wallfahrtskirche

- **MARIA WÖRTH:** Halbinsel mit romanisch-gotischer Wallfahrtskirche (12. Jh.).
- **MAIERNIGG: GUSTAV- MAHLER- KOMPONIERHÄUSCHEN** – ein kleines, aber feines Museum mit interessanten Exponaten aus dem Leben des berühmten Komponisten.
- **VIKTRING:** Stift Viktring (ehemaliges Zisterzienserkloster von 1142).

🅣 EXTRA-TIPPS

» Beim **IRON MAN AUSTRIA-KÄRN-TEN** schwimmen, biken und laufen die besten Triathletinnen und Triathleten der Welt um die Wette.

» Beim **YOGA-FESTIVAL „NAMASTE AM SEE"** in **VELDEN** lernt man die schönsten Kraftplätze rund um den Wörthersee kennen und praktiziert die Asanas gemeinsam mit Yogis aus aller Welt. Am **WÖRTHERSEE-YOGAWEG** (Start am Teufelsgraben in Velden) findet man an verschiedenen Stationen dank der beschriebenen Yoga-Übungen zu seiner Mitte.

» Jedes Jahr im Hochsommer kann man mediterranen Lifestyle, durchtanzte Nächte und unvergessliche weiße Momente bei der **FÊTE BLANCHE** und **THE WHITE NIGHTS AM WÖRTHERSEE** erleben – zwei DER Szene-Events Österreichs.

» Der sechs Kilometer lange **BRAHMS-WEG** verläuft auf den Spuren des berühmten Komponisten, der viele Sommermonate in **PÖRTSCHACH** zum Komponieren nutzte. Start in Pörtschach am Monte-Carlo-Platz.

» In den Sommermonaten verwandelt sich der **SEECORSO VELDEN** allabendlich zu einer Flaniermeile der besonderen Art: nationale und internationale Straßenkünstler verzaubern das Publikum mit Akrobatik, Magie und Feuershows.

TOUREN

1 OSTBECKEN 🚣🚣🚣
Von Maria Loretto am Südufer entlang nach Maria Wörth und am Nordufer retour.
LÄNGE 22,5 km | **DAUER** 6:30-7:30 h

2 SEELÄNGSÜBERQUERUNG 🚣🚣
Von Maria Loretto nach Velden (retour mit dem Schiff).
LÄNGE 16,5 km | **DAUER** 5-5:30 h

3 MITTLERES BECKEN MIT INSELN UND WESTBECKEN 🚣🚣
Vom freien Seezugang bei der Kapuzinerinsel aus um die Kapuzinerinsel, weiter vorbei an der Blumeninsel (Schlangeninsel), am Nordufer entlang nach Velden und dann am Südufer entlang zurück zum Ausgangspunkt.
LÄNGE 17,8 km | **DAUER** 5:30-6 h

EIN- & AUSSTIEG

ROUTE 1 EIN- & AUSSTIEG Einmündung Lendkanal, gegenüber Strandbad Maria-Loretto am Lorettoweg.

ROUTE 2 EINSTIEG Einmündung Lendkanal, gegenüber Strandbad Maria-Loretto am Lorettoweg.
AUSSTIEG Velden.

ROUTE 3 EIN- & AUSSTIEG Freier Seezugang bei der Kapuzinerinsel.

SUP-VERMIETUNG

1 FANATIC SUP CENTER
IM STRANDBAD MAIERNIGG
Süduferstraße 116
9073 Klagenfurt
Tel. +43 (0)677 629 639 93
www.sup-kaernten.at
Vermietung, Trainer, Kursangebote, geführte Touren, Special Events

2 SEESPORT
IM PARKBAD KRUMPENDORF
Pamperlallee 35-37
9201 Krumpendorf
Tel. +43 (0)664 766 16 85
www.see-sport.at
Vermietung SUP & Kajak, kostenlose Schulung für Anfänger

3 SEGELSCHULE REIFNITZ
Uferweg 3, 9081 Reifnitz
Tel. +43 (0)664 185 81 43
www.segelschule-reifnitz.at
Vermietung SUP, Kajaks & Bikes, Einführungskurse, geführte Touren

4 SUP2GETHER
IM STRANDBAD MARIA-LORETTO
Lorettoweg 48, 9020 Klagenfurt

5 SUP2GETHER
IM STRANDBAD KLAGENFURT
Metnitzstrand 2, 9020 Klagenfurt

6 SUP2GETHER
IM PROMENADENBAD PÖRTSCHACH
Blumenpromenade 24, 9210 Pörtschach

7 SUP2GETHER STRANDBAD VELDEN
Seepromenade 7, 9220 Velden

Infos für alle **SUP2GETHER (NR. 4-7)**:
Tel. +43 (0)463 203 230 20
www.sup2gether.com
Vermietung & Verkauf, Kursangebote

WÖRTHERSEE

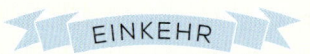

EINKEHR

1 BLUES LORETTO STRANDBUFFET
Lorettoweg 48, 9020 Klagenfurt
Tel. +43 (0)664 621 74 90
Mai-Sep, bei Schönwetter im Sommer tägl. von 8-19 Uhr

KLASSIKER Loretto-Burger und Fitness-Salate

2 LINDE SEEBAR
Lindenplatz 3, 9082 Maria Wörth
Tel. +43 (0)664 167 16 36
www.hotellinde.at
Jun-Mitte Sep tägl. 12-22 Uhr

KLASSIKER Sushi vom Sushi-Meister in Traumlage. Reservierung angeraten!

3 UNGEHEUER
Süduferstraße 95
9220 Velden (OT Auen)
Tel. +43 (0)664 99 19 17 17
www.ungeheuer-velden.at
Mo-Di 16-24 Uhr, Mi Ruhetag
Do-So 12-24 Uhr (Küche 12-16+17-21.30)

KLASSIKER Herausragende Küche, die ihren Preis hat

4 STRANDCLUB VELDEN
Seepromenade 15, 9220 Velden
Tel. +43 (0)4274 511 01
www.strandclub.com
Apr-Okt tägl. 7-24 Uhr

KLASSIKER Gegrillter Fisch, tolle Gerichte mit Meeresfrüchten

5 SEERESTAURANT KÄRNTNERHOF
Hauptstraße 217-219
9210 Pörtschach
Tel. +43 (0)4272 23 47
Mär-Okt tägl. 8-21 Uhr

KLASSIKER Sensationelles Frühstück, Fischgrillabend am Freitag

6 WERZER'S BADEHAUS
Werzerpromenade 8
9210 Pörtschach
Tel. +43 (0)4272 223 10
www.badehaus.werzers.at
Tägl. 12-21 Uhr

KLASSIKER Eierschwammerlgulasch mit Semmelknödel

ÜBERNACHTUNG

1 CAMPING KLAGENFURT WÖRTHERSEE
Metnitzstrand 5
9020 Klagenfurt am Wörthersee
Tel. +43 (0)463 28 78 10
www.camping-woerthersee.at

2 STRANDPENSION ADAMETZ
(Liegewiese am See, Bootsvermietung)
Strandweg 151
9201 Krumpendorf am Wörthersee
Tel. +43 (0)4229 29 87
www.strandpension-adametz.at

3 STRANDHOTEL KÄRNTNERHOF
siehe Einkehrtipp Nr. 5

Seeterrasse Electric Garden am Kraftwerk Forstsee

④ SEEHOTEL VINZENZ
Süduferstraße 154
9220 Schiefling am See
Tel. +43 (0)4274 28 89
www.seehotel-vinzenz.info
Gepflegter Badestrand mit Strandservice, Stand Up Paddel-Boards für Hausgäste, super Frühstück mit regionalen Köstlichkeiten

NAMASTE ZWISCHEN JET SET, IRONMAN UND NATURIDYLL 𝒫 - 𝒫𝒫𝒫

① Inmitten der sanften Hügel des Klagenfurter Beckens erstreckt sich der größte See Kärntens von Velden bis nach Klagenfurt. Seine Länge von 16,5 km und die Gesamtfläche von 19,39 km² bieten SUPlern zahlreiche Touren aller Leistungsstufen. Die schönsten Momente kann man in den frühen Morgenstunden genießen.

Unsere Boards lassen wir an der **EINMÜNDUNG DES LENDKANALS** ✺ am Lorettoweg gegenüber vom **STRANDBAD MARIA-LORETTO** ① zu Wasser und bereits nach ein paar Paddelschlägen präsentiert sich der See in einem herrlichen türkis-blau. Am Südufer entlang paddeln wir bis zur Bucht von **MAIERNIGG** und erblicken auf einer kleinen Anhöhe die hübsche **VILLA SCHWARZENFELS**.

Glaubt man der Sage vom Wörthersee-Mandl zur Entstehung des Wörthersees, hört man hier um Mitternacht ein gruseliges Glockenläuten. Vor vielen Jahren stand da wo heute der See ist eine reiche Stadt, deren Bewohner sich beim Weihnachtsfestessen trotz Aufforderung eines merkwürdigen Männleins weigerten, die Christmette zu besuchen. Das wütende Männlein durchschlug den Spund seines mitgebrachten Fässleins und ein endloser Wasserstrahl überflutete die Stadt und die

Bewohner ertranken. So entstand der Wörthersee. In der Klagenfurter Innenstadt steht ein Brunnen mit einer Bronzeplastik, die das Wörthersee-Mandl samt Fässchen mit erhobenem Zeigefinger darstellt. Mahnend, vor allzu viel Party. **Diese Geschichte passt gut zum See, denn kaum ein Paddel-Spot wartet mit solch Kontrasten auf – am Nordufer erholsame Stille, während in den mondänen Orten am Südufer die Menschen flanieren und sich die High Society in den Strandbars trifft um zu feiern.**

Uns fällt eine Villa mit einem imposanten Krüppelwalmdach auf – die **VILLA SIEGEL**, einstige Sommerresidenz des Komponisten Gustav Mahler. Nur wenige Meter hinter dem Prachtgemäuer steht eine karge Hütte im Wald, sie war Mahlers "Komponierhäusl", wo zahlreiche seiner Werke entstanden. **Hinter der Ortschaft SEKIRN beobachten wir am steilen Ufer eines freien Seezugangs ein paar übermütige Jungens, die sich von einem besonders schief gewachsenen Baum wie Tarzan, an einem Seil schwingend, ins Wasser stürzen.**

Über der Bucht von **REIFNITZ** thront das 1898 erbaute **SCHLOSS REIFNITZ**. Nicht zu Unrecht trägt es den Beinamen "Klein Miramar", erinnert es vom Stil doch sehr an Schloss Miramar in Triest. **Schon die nächste Ortschaft ist MARIA WÖRTH**, gelegen auf einer hügeligen, bewaldeten Halbinsel, die sich weit in den See zieht und so das östliche vom mittleren Becken abtrennt. Auf dem höchsten Punkt prangt die hübsche gotische **WALLFAHRTSKIRCHE MARIA WÖRTH**. Das namensgebende Gotteshaus wurde bereits im 9. Jahrhundert urkundlich erwähnt. Wir umrunden die Halbinsel und erreichen knapp 1 km weiter an der **TEIXLBUCHT** einen der wenigen freien Seezugänge. Erschöpft gehen wir an Land und genießen, während wir die mitgebrachte Jause verzehren, den traumhaften Blick auf die gegenüberliegende **KAPUZINERINSEL**, die kleinere der zwei Inseln im See. Die größere Insel ist durch einen Holzsteg mit dem Festland verbunden und hieß früher aufgrund ihrer Form Schlangeninsel. Seit sie aber Teil des Strandbades ist und touristisch genutzt wird, wird sie gästefreundlicher Blumeninsel genannt.

Nun hat man die Möglichkeit dem Südufer entlang weiter bis nach Velden zu folgen, von wo aus es mit dem Schiff nach Klagenfurt zurückgeht. Oder man quert nach **PÖRTSCHACH** mit kleinem Abstecher zum kleinen & feinen **WERZER'S BADEHAUS** 6 vis-à-vis der Blumeninsel, das letzte seiner Art in der Region. Pörtschach entwickelte sich in der zweiten Hälfte des 19. Jahrhunderts zum mondänsten Badekurort Österreichs und das historische Badehaus wurde im Jahre 1895 ursprünglich als Schwimmschule für Erwachsene erbaut. Heute ist es Restaurant (vom renommierten Gault Millau Guide sogar mit 12 Punkten und einer Haube prämiert), Spa & Wellness und luxuriöses Domizil.

Wir queren den See und erkunden nun ausgiebig das Nordufer des Ostbeckens. Einige Yoga-SUPler führen auf ihren Boards bei sanft schaukelnden Wellenbewegungen Asanas im Liegen, Stehen und Sitzen aus. Überhaupt kommen Yoga-Fans rund um den Wörthersee voll auf ihre Kosten, denn Kurse dieser Art kann man bei vielen der SUP-Stationen buchen. Im romantischen Teufelsgraben bei Velden gibt es sogar einen **YOGAWEG** TIPP mit zahlreichen Stationen, an denen verschiedene Übungen detailreich beschrieben werden. Einmal im Jahr, meist im Juni, findet außerdem **„NAMASTE AM SEE"** TIPP statt – ein sensationelles Yogafestival.

Schon entspannt vom Zusehen, paddeln wir ostwärts Richtung **KRUMPENDORF**. Das kurz davor liegende Naturschutzgebiet „Gut Walterskirchen" umfahren wir natürlich. Hinter Krumpendorf paddeln wir in die Ostbucht. Dort fällt die vom Stararchitekten Günther Domenig als schwimmende Konstruktion errichtete **SCHIFFSWERFT KLAGENFURT** ins Auge. Mit diesem besonderen Bau blieb die Uferzone frei zugänglich und man gewann auf wenig Fläche viele Nutzungsmöglichkeiten. Unseren Weg kreuzt die **DS THALIA**, eines der letzten Schraubendampfschiffe Europas, was die Fahrt zu einem historischen Erlebnis macht. Dann passieren wir die weit in den See ragenden Stege des 1927 eröffneten **STRANDBADS KLAGENFURT**. Die legendäre 114 Meter lange Rutsche, in einem der größten Strandbäder Europas, muss man einmal ausprobiert haben. Vorbei am frühbarocken **LUSTSCHLOSS MARIA-LORETTO** erreichen wir den **LENDKANAL** und kehren an unseren **AUSGANGSPUNKT** zurück.

LENDKANAL

ANSPRUCH
EINKEHR

Wer eine außergewöhnliche Tour erleben möchte, der darf sich den Lendkanal auf keinen Fall entgehen lassen. Hier hat man die Möglichkeit vom wunderschönen Wörthersee unter 10 Brücken hindurch direkt in die Klagenfurter Innenstadt zu paddeln. Entspannt Euch auf den idyllischen ehemaligen Schiffsanlegestegen, genießt die Klagenfurter Eisspezialitäten oder lasst Euch im Lendhafen vom künstlerischen Flair verzaubern.

WIND & WETTER
Aufgrund des Aushubwalles und der Lage innerhalb des Stadtgebiets ist der Lendkanal sehr windgeschützt.

ANFAHRT MIT DEM PKW
Von der A 2, der Südautobahn, nehmen wir die Abfahrt „Klagenfurt Wörthersee". Wir biegen an der ersten Kreuzung rechts ab auf die Villacher Straße. Nach etwa 300 Metern an der Ampel halblinks auf die Straße „Metnitzstrand". Nach einem Kilometer Fahrt kommen wir am Strandbad Klagenfurt an, der Parkplatz befindet sich zur Linken.

PARKEN
Großer Parkplatz gegenüber Strandbad Klagenfurt, Metnitzstrand 2.

ANFAHRT MIT ÖPNV
Vom Klagenfurter Hbf mit dem Bus (Nummer 40, 41, 43, 80, 81, 94) zum Heiligengeistplatz. Hier umsteigen in die Linie 10, 20 oder 92 bis zur Haltestelle Strandbad.

BADEN
Der Lendkanal wird an sich nicht als klassisches Badegewässer genutzt, lediglich einzelne Triathleten ziehen hier ihre Runden. Wer nach der Tour noch ein Bad nehmen möchte, der sollte direkt an der Mündung im wunderschönen Wörthersee schwimmen.

SEHENSWERT
» Durch die **KLAGENFURTER INNENSTADT** führt die älteste Fußgängerzone Österreichs (seit 1961), hier treffen historische Fassaden auf moderne Architektur, alte, kleine Krämerläden auf neue, große Einkaufszentren. Erkundet die liebevoll restaurierten **ARKADENHÖFE** und Passagen und entspannt Euch in einem der zahlreichen Cafés und Restaurants. Jährlich findet Mitte August der **ALTSTADT-ZAUBER** statt, ein großes Straßenfest mit Live-Bands, Gauklern, Gastronomie und allem was dazugehört. Der berühmte **LINDWURMBRUNNEN** am Neuen Platz wurde 1583 in Auftrag gegeben und 1593 vollendet. Der Lindwurm ist das Wappentier der Stadt Klagenfurt am Wörthersee und das Kunstwerk heute das wohl begehrteste Foto-Motiv aller Klagenfurt-Besucher! Das **MUSEUM MODERNER KUNST KÄRNTEN (MMKK)** in der Klagenfurter Burg zeigt auf einer Fläche von rund 1.000 m² zeitgenössische Kunst von regionalen, nationalen und internationalen Künstlern. Im **GEBURTSHAUS** des Romanciers **ROBERT MUSIL** befindet sich heute ein **LITERATURMUSEUM** mit einer Dauerausstellung über Musil selbst, Christine Lavant und Ingeborg Bachmann. Ausstellungen rund um den öffentlichen Verkehr in Klagenfurt, die Wörthersee-Schifffahrt sowie die Geschichte von Film und Kino in der Region zeigt das **STADTVERKEHRS- UND KINOMUSEUM**. Im Preis inkludiert ist eine Fahrt mit der historischen **LENDCANALTRAMWAY** – nicht entgehen lassen!

EXTRA-TIPPS

Europapark

» Kinder vergnügen sich im rund 22 ha großen **EUROPAPARK** auf dem großen Spielplatz mit einer Sand-Matsch-Zone und dem Geschicklichkeitsparcours. Jugendliche testen ihre Skills auf einer der zahlreichen Halfpipes und Eltern ruhen sich auf einer der gemütlichen Bänke inmitten der kunstvollen Bepflanzungen und Steinskulpturen internationaler Künstler aus.

» Auf dem **BENEDIKTINERMARKT** (Benediktinerplatz, Innenstadt) bieten donnerstags und samstags von 6.30-13 Uhr Bauern aus ganz Kärnten, Friaul und Slowenien ihre Waren und kulinarischen Schmankerln an. Pflanzenliebhaber finden hier alles – von farbenprächtigen Balkonblumen bis hin zu Gewürzraritäten.

» Alternativ zum Lendkanal bietet sich auch eine kurze **SUP-TOUR** auf der **SATTNITZ** (amtliche Bezeichnung: **GLANFURT**) an. Hier kann man von Maria Loretto bis zur Seeschleuse fahren. Der Einstieg direkt an der Mündung ist verboten, dort liegt das Europaschutzgebiet Lendspitz-Maiernigg (siehe Karte).

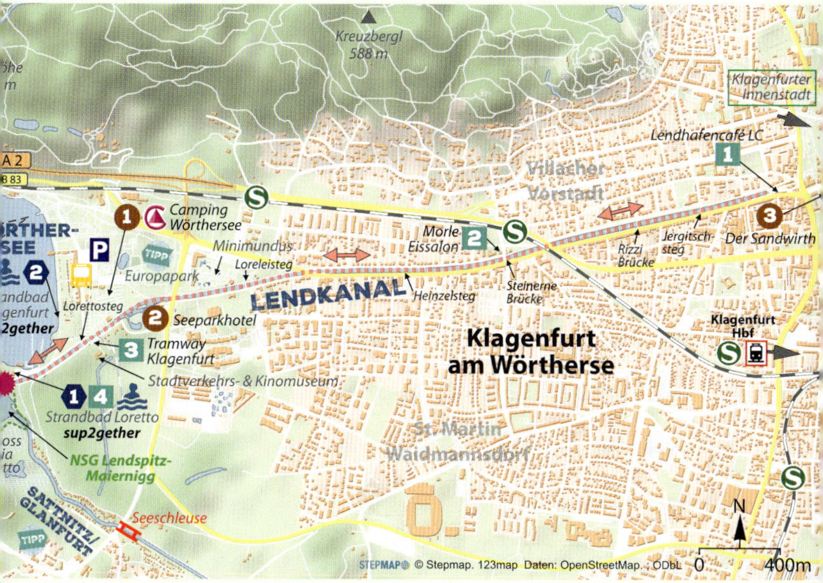

LENDKANAL

TOUREN

1 LENDKANALTOUR
Von Maria Loretto bis zum Lendhafen in der Klagenfurter Innstadt und zurück.
LÄNGE 8 km | **DAUER** 2-3 h

EIN- UND AUSSTIEG
🔴 Gegenüber vom Strandbad Maria-Loretto am Lorettoweg.

SUP-VERMIETUNG

1 SUP2GETHER
IM STRANDBAD MARIA-LORETTO
Lorettoweg 48, 9020 Klagenfurt
Tel. +43 (0)463 203 230 20
www.sup2gether.com
(Vermietung & Verkauf, Kursangebote)

2 SUP2GETHER
IM STRANDBAD KLAGENFURT
Metnitzstrand 2, 9020 Klagenfurt
Tel. +43 (0) 463 203 230 20
www.sup2gether.com
(Vermietung & Verkauf, Kursangebote)

EINKEHR

1 LENDHAFENCAFÉ LC
Villacher Straße 18, 9020 Klagenfurt
Tel. +43 (0)660 205 30 40
Di-Sa 9-13 & 18-24 Uhr

KLASSIKER Atmosphäre wie in der Altstadt von Paris und dazu ein extrem leckerer Café

2 MORLE-EISSALON
Tarviser Straße 100, 9020 Klagenfurt
Tel. +43 (0)463 235 57
www.facebook.com/morleeissalon
Mo-So 10-21 Uhr

KLASSIKER Mit hauchzarter Schokolade überzogenes Kugeleis. Unbedingt das Ribiseleis (rote Johannisbeere) probieren.

3 TRAMWAY KLAGENFURT
Wilsonstraße 39, Klagenfurt
Tel. +43 (0)650 414 66 67
Mo-So 9-22 Uhr

KLASSIKER Berner Würstel und Käsekrainer in lässigem Ambiente

4 BLUES LORETTO STRANDBUFFET
Lorettoweg 48, 9020 Klagenfurt
Tel. +43 (0)664 621 74 90
Bei Schönwetter im Sommer
tägl. 8-19 Uhr

KLASSIKER Loretto-Burger und Fitness-Salate

LENDKANAL

ÜBERNACHTUNG

**1 CAMPING KLAGENFURT
WÖRTHERSEE** (Shop, Gastronomie)
Metnitzstrand 5
9020 Klagenfurt am Wörthersee
Tel. +43 (0)463 28 78 10
www.camping-woerthersee.at

Seeparkhotel

2 SEEPARKHOTEL
(4*-Hotel, Spa, Strandbad-Ermäßigung)
Universitätsstr. 104
9020 Klagenfurt am Wörthersee
Tel. +43 (0)463 204 49 90
www.seeparkhotel.at

3 DER SANDWIRTH
(4*-Hotel, Top-Innenstadt-Lage)
Pernhartgasse 9
9020 Klagenfurt am Wörthersee
Tel. +43 (0)463 562 09
www.sandwirth.at

VON MARIA LORETTO BIS IN DIE KLAGENFURTER INNENSTADT

Nur das Notwendigste verstauen wir im Drybag für unsere Tour auf dem Lendkanal. Zuvor pumpen wir die Boards auf dem großen öffentlichen Parkplatz beim **EUROPAPARK** auf und tragen sie den kurzen Fußweg bis zur **EINSTIEGSSTELLE** beim Schloss Maria Loretto. Vorsicht, die Steine am Kanalufer sind sehr rutschig!

Der Lendkanal, eine etwa vier Kilometer lange Wasserstraße, führt vom **SCHLOSS MARIA LORETTO** am Wörthersee bis in die **KLAGENFURTER INNENSTADT**. Im Winter friert er durch die schattige Lage besonders schnell zu und wird dann zur langen stadtnahen Eislaufbahn. Im Sommer ist er durch den Aushubwall windgeschützt, ein Vorteil den alle SUPler zu schätzen wissen. Der Name Lendkanal leitet sich vom mittelhochdeutschen Wort "Lände" ab, was damals die Bezeichnung für einen einfachen Binnenhafen war. Die Idee, einen Kanal vom Wörthersee bis in die Innenstadt zu bauen, der den Stadtgraben mit Löschwasser speisen sollte, wurde bereits im 13. Jahrhundert geboren. Zur Umsetzung kam es allerdings erst, nachdem 1518 ein verheerender Brand die Stadt zerstörte. Die

Begrenzungsmauern und die Stiegen sind aus Pörtschacher Marmor. Bis ins 18. Jahrhundert wurde Klagenfurt fast ausschließlich über den Wasserweg versorgt: Fische, Holz, Marmor und Kohle wurden mit Frachtschiffen in die Innenstadt gebracht. Doch auch zum persönlichen Vergnügen ließ sich der Adel bereits im 16. Jahrhundert über den Kanal schippern den zehn Brücken überspannen, einige davon sind architektonisch und historisch bedeutsam.

Die erste Brücke, die wir passieren, ist der **LORETTOSTEG**. Frischverliebte haben hier die Möglichkeit, ein Schloss mit ihren Namen am Geländer aufzuhängen und den Schlüssel für alle Ewigkeit im Wasser zu versenken. Weniger romantisch gestaltet sich die Durchfahrt unter der vierspurigen Wörthersee-Süduferstraße. Dafür staunen wir nicht schlecht, als wir zu unserer Linken Brüssels Wahrzeichen, das Atomium, erspähen. Es ist eines von zahlreichen Exponaten von **MINIMUNDUS**. Hier werden 159 Modelle der schönsten Bauwerke der Welt ausgestellt, ein Besuch lohnt sich. Gleich neben Minimundus findet sich das **PLANETARIUM**, vom Wasser aus erblicken wir dessen Kuppel. Bevor wir die Steinerne Brücke erreichen, passieren wir den **LORELEISTEG**, die **PATERNIONER BRÜCKE** und den **HEINZELSTEG**.

Trotz des sehr stillen Wassers haben wir das Gefühl, gegen einen großen Widerstand zu paddeln, auch das Lenken fällt uns zunehmend schwer. Wir legen bei der ehemaligen Schiffsanlegestelle **STEINERNE BRÜCKE** an und stellen fest, dass sich Seegras in den Finnen verfangen hat. Es ist schnell entfernt, das wird uns die Weiterfahrt erleichtern. Doch zuvor gehen wir über die Stiege zur Straße, wo sich der **EISSALON MORLE** 2 befindet. Mit Blick auf die älteste Brücke über den Lendkanal, sie wurde 1535 errichtet und ist somit die älteste erhaltene Brücke Kärntens, genießen wir die mit einer hauchzarten Schokohaube überzogenen hausgemachten Eiskugeln. Nirgendwo schmeckt das Ribiseleis besser. Durch die wunderschöne Spiegelung der Steinernen Brücke im dunklen Wasser wird der Halbbogen zu einem Kreis ergänzt – ein tolles Fotomotiv.

Fast einen kleinen Kulturschock erleiden wir beim Passieren der Autobahn-Eisenbahn-Brücke, zwei nebeneinander stehende Brücken, deren Nordseite von der Stadt für Graffiti Sprayer freigegeben wurde. So schnell kann man nirgendwo sonst vom 16. Jahrhundert ins dritte Jahrtausend paddeln.

Die mit Bäumen bewachsenen Ufer sind nun hübschen Stadtvillen gewichen und wir erspähen den **RIZZISTEG**, der 1902 im Jugendstil erbaut und nach dem Dichter Vinzenz Rizzi benannt wurde, – abermals ein Zeitsprung. Nach dem **JERGITSCHSTEG**, eine der neueren Fußgänger- und Radfahrerbrücken, passieren wir noch die **ELISABETHBRÜCKE**. Die berühmte Namenspatin ist die damalige Kaiserin "Sisi", die bei der Einweihung sogar persönlich anwesend war.

Nach knapp vier Kilometern erreichen wir den **LENDHAFEN**, das Ende des Kanals. Vor uns ragt ein riesiger Baumstamm mit einem mächtigen Wurzelstock kopfüber aus dem Wasser. Seit elf Jahren etabliert der Verein Lendhauer den Lendhafen als Ort der Kultur und Begegnung. Der Baum ist eine Kunst-Installation, die auf die unsichtbaren Wurzeln jedes Menschen aufmerksam machen sollte. Wer hier verweilen möchte, dem sei das charmante **LENDHAFENCAFÉ** [1] empfohlen, wo man im bezaubernden Innenhof ein tolles Frühstück genießen kann. Im Sommer gibt es viele Events, von Lesungen und Ausstellungen bis hin zu Konzerten.

Auf dem gleichen Weg zurück beobachten wir am Ufer Inlineskater und Radfahrer, Jogger und Flaneure. Und sie alle beobachten uns. Denn auch wenn SUPen immer mehr zum Trendsport wird, sieht man nur wenige SUPler auf dem Lendkanal. Halt machen wir erst kurz vor dem Lorettosteg, beim Imbiss **„ZUR TRAMWAY"** [3]. Dieser einzigartige Imbissladen befindet sich in einem umgebauten Straßenbahnwaggon. Serviert werden Getränke, kalte und warme Snacks, die wir auf den gemütlichen Bänken im Freien verzehren. Gleich neben der Imbissbude liegt das **STADTVERKEHRS- UND KINOMUSEUM**. Hier können Besucherinnen und Besucher in einer historischen Straßenbahn ihre Runden drehen.

Nach einer wirklich guten Currywurst und einem Radler beschließen wir die Runde etwas abzukürzen und heben die Boards kurz nach dem Steg aus dem Wasser, damit wir nicht die ganze Strecke von der Mündung in den Wörthersee zurück zum Parkplatz laufen müssen. Wer allerdings noch schwimmen möchte, der sollte die Strecke bis zum Ende fahren und dann an der Mündung in den wunderschönen Wörthersee tauchen.

KEUTSCHACHER SEE

ANSPRUCH | EINKEHR

Im Keutschacher Seental liegt Kärntens sechstgrößter See, der uns durch sein glasklares Wasser und die karibischen Lichtverhältnisse sowie seine farbenfrohen Seerosen begeistert. Nicht nur für jeden Hobby-Fotografen bieten sich hier herrliche Motive. Mit dem SUP kann man sich auf dem kleinen, aber feinen Gewässer treiben lassen und sogar Steinzeitliches erkunden.

WIND & WETTER

Der sonnig gelegene See hat eine merkliche Strömung gegen Westen. Die Sommermonate können recht niederschlagsreich sein und gegen Nachmittag sind stets leichte Brisen möglich.

BEFAHRUNGSREGELN

Der Schilfgürtel mit den Seerosen darf aus Naturschutzgründen nicht befahren werden.

Selbiges gilt für die steinzeitlichen Pfahlbauten mitten im See. Das Areal ist großflächig markiert und darf auf keinen Fall überfahren werden!

ANFAHRT MIT DEM PKW

Von Klagenfurt kommend, der Wörthersee-Süduferstraße bis Reifnitz folgen und vor dem Gemeindeamt Maria Wörth links in die Seenstraße einbiegen. Dem Straßenverlauf etwa 2,5 km bis Plaschischen/Keutschacher See folgen und beim Kreisverkehr in Plaschischen die 2. Ausfahrt nehmen (von Norden kommend also geradeaus).

Etwa 100 m nach dem Kreisverkehr befindet sich rechter Hand neben dem Campingplatz ein kleiner Parkstreifen (kostenfrei). Auf der dahinterliegenden Wiese ist in der Regel genug Platz, um die Boards ungestört aufzupumpen. Über eine kleine Holzbrücke geht es wenige Schritte direkt zum Seezugang an der Nord-Ost-Bucht des Sees.

ANFAHRT MIT ÖPNV

Vom Klagenfurter Busbahnhof (vis-à-vis Hbf) mit dem ÖBB Postbus 5316 bis Haltestelle „Keutschacher See Gh Brückler" (Fahrzeit ca. 0:30 h). Dort geht man ostwärts zurück zum Kreisverkehr und biegt rechts in die Straße „Plaschischen". Vorbei am Camping-Eingang, trifft man 100 m weiter geradeaus auf den oben beschriebenen Parkplatz. Fußweg insgesamt 300 m.

BADEN

Der Keutschacher See ist ein sympathischer, familienfreundlicher See mit überdurchschnittlich hohen Wassertemperaturen. Die Zugänge sind seicht und bieten auch kleinen Kindern sichere Bedingungen.

GERTI'S STRANDBAD – SUP- & Tretboot-Vermietung sowie Tischtennis und Beachvolleyball.

STRANDBAD BRÜCKLER NORD – Kinderspielplatz, Sportangebot, Strandbuffet.

SEHENSWERT

» Mitten im See befinden sich die Überreste einer **JUNGSTEINZEITLICHEN PFAHL-BAUSIEDLUNG**. Im Jahre 2011 wurden diese Relikte dem UNESCO-Weltkulturerbe zugesprochen.  Das Areal ist großräumig gekennzeichnet und darf KEINESFALLS direkt überfahren werden! Die Funde zu den Pfahlbausiedlungen können ab 2021 im bis dahin sanierten Museum Rudolfinum in Klagenfurt besichtigt werden.

» Die wenigen Mauerreste der **BURGRUINE REIFNITZ**, nördlich des Keutschacher Sees, geben einen Eindruck von der früheren Größe dieser Anlage. Einst war sie eine der mächtigsten Burgen rund um den Wörthersee, erbaut in der Zeit der frühmittelalterlichen Christianisierung der heidnischen Alpenslawen und der Kolonisierung durch bayrisch-fränkische Neusiedler im 8. / 9. Jahrhundert.

» Unter dem Burgfelsen der Burgruine Reifnitz liegt versteckt im Wald der sogenannte **OPFER- ODER HEXENSTEIN**. Die heidnische Kultstätte, ein von Moos überwachsener Quaderstein, hat auf seiner Oberfläche eine schalenförmige Ausbuchtung mit einer Blutrinne. Schon als im 9. Jahrhundert das Christentum verbreitet wurde, trafen sich die Menschen der Gegend an dieser Stelle und brachten ihren alten Göttern Tieropfer dar.

» Der **PYRAMIDENKOGEL** nördlich des Keutschacher Sees verfügt über den weltweit höchsten Holzturm mit Aussichtsplattform (100 m Höhe) und Rutsche. Einzigartige Aussicht bis über Kärntens Grenzen hinaus! www.pyramidenkogel.info

TIPP EXTRA-TIPPS

» Der **ZAUBERWALD AM RAUSCHELESEE** bietet von April bis Ende Oktober auf seinen 10.000 m² ein herrliches Erlebnis für Kinder. Der riesengroße Abenteuerspielplatz im Wald ist mit einer Westernstadt, Märchentafeln & -spielplätzen, Dekorationen, Bauten, Installationen und Naturinseln ausgestattet. www.familienparadies-reichenhauser.eu

» In der **KELTENWELT FRÖG** bei **ROSEGG** können Geschichtsinteressierte alles über die Lebensweise der Kelten in Kärnten vor 3.000 Jahren erfahren. Das Freilichtmuseum bietet von April bis Oktober laufend Führungen, Sonderausstellungen und Veranstaltungen an. www.keltenwelt.at

TOUREN

 SEEUMRUNDUNG MIT BLICK AUF STEINZEITLICHE PFAHLBAUTEN

Im Uhrzeigersinn einmal um den See, kurzer Abstecher zur Seemitte zu den Pfahlbauten.
LÄNGE 6,5 km | **DAUER** 1:30-2 h

EIN- & AUSSTIEG

✺ Beim freien Seezugang in Plaschischen hinter dem Parkstreifen.

SUP-VERMIETUNG

 **SUP & SMILE KEUTSCHACHER SEE IN GERTIS STRANDBAD**
Plaschischen 54
9074 Keutschach am See
Tel. +43 (0)650 673 39 45
www.supandsmile.at

EINKEHR

1 CAFÉ SUNSEIT'N
Plaschischen 62, 9074 Keutschach a. See
Tel. +43 (0)664 468 79 71
www.cafe-sunseitn.at
Ostern-Sep 8.30-19 Uhr, Mi Ruhetag,
Sep nur Fr-So, Jul+Aug tägl.

KLASSIKER Das sagenhaft gute Krappfelder-Eis vom Bauernhof

Urig & tolle Brettljausn – Mothe's Buschenschank

2 MOTHE'S BUSCHENSCHANK
Plescherken 21, 9074 Keutschach a. See
Tel. +43 (0)664 350 37 20
Mai-Sep tägl. ab 16 Uhr, Winter Fr-So

KLASSIKER Gute Brettljausn (auch vegetarisch), exzellenter Schnaps, HOF-Verkauf von Selbsterzeugtem

KEUTSCHACHER SEE

ÜBERNACHTUNG

❶ CAMPING & PENSION BRÜCKLER
Plaschischen 5, 9074 Keutschach a. See
Tel. +43 (0)4273 23 84
www.brueckler.co.at

❷ STRANDCAMPING SÜD
Dobeinitz 30, 9074 Keutschach am See
Tel. +43 (0)4273 27 73
www.strandcampingsued.at

❸ GÄSTEHAUS MARLIES
(Privatstrand 800 m entfernt)
Plescherken 65, 9074 Keutschach a. See
Tel. +43 (0)699 812 057 87
www.hausmarlies.at

❹ FRÜHSTÜCKSPENSION SEEBLICK
Plescherken 104, 9074 Keutschach a. S.
Tel. +43 (0)664 352 04 88
www.fruehstueckspension-seeblick.at

KEUTSCHACHER SEE

DER KLEINE BRUDER VOM WÖRTHERSEE
– NATURPARADIES MIT GESCHICHTE

1 Schon die Anfahrt lässt unsere Herzen höher schlagen: Zuerst vorbei am Südufer des Wörthersees und der romantischen Halbinsel mit der Wallfahrtskirche Maria Wörth, geht es durch das wunderschöne Kärntner Hinterland. In **PLASCHISCHEN**, gleich hinter dem **CAMPING BRÜCKLER** 1, gibt es dann einen wunderbaren freien Seezugang mit ausreichend Platz, um unsere Boards aufzupumpen. Eine überdachte Holzbrücke führt uns über den Reifnitzbach zu einer kleinen Wiese. Der Weg ins Wasser geht durch einen schmalen Gang im Schilf, aber trotz unserer recht großen Touring-Boards haben wir keine Probleme beim **EINSTIEG**. Jetzt lohnt sich ein kurzer Blick nach rechts. Auf dem Gipfel des **PYRAMIDENKOGELS**, der auf 851 Meter über dem Meeresspiegel liegt, ragt mit etwa 100 Metern Höhe der höchste aus Holz errichtete Aussichtsturm der Welt empor. Besuchern bietet sich dort beim Aufstieg über knapp 450 Stufen ein imposantes 360 Grad Panorama auf Kärntens Seen und Berge. Wem das zu anstrengend ist, der genießt denselben Ausblick bei der Fahrt mit dem Panoramalift. Und wer mutig genug ist, kann zum Verlassen der Aussichtsplattform die 120 Meter lange Rutsche nehmen.

Wir paddeln im Uhrzeigersinn am Ostufer des länglich-ovalen Sees entlang und passen auf die großflächigen Seerosen-Teppiche auf. Am großen Holzsteg von **GERTI´S STRANDBAD** tummeln sich Sonnenanbeter und Kinder, die sich kopfüber ins Wasser stürzen. Wer kein eigenes SUP hat, kann bei der Mietstation von **SUP & SMILE** ❶ gegen eine kleine Gebühr eines ausborgen. Außerdem bietet sich die einmalige Gelegenheit „SUP-Fishing" auszuprobieren. Gemeinsam mit einem Guide fährt man auf kippstabilen Boards mit Anglerausrüstung zu den besonders fischreichen Stellen am See und versucht dort sein Glück. Auch wenn man nichts fängt, erhält man einen wunderschönen Einblick in die Unterwasserwelt.

Wir umfahren die kleine Halbinsel, die 400 Meter in den See hineinragt. Ein einzigartiges Bild tut sich vor uns auf: unzählige pinkfarbene Seerosen bedecken das glitzernde türkisblaue Wasser. Nun gelangen wir in eine naturbelassene Bucht, an deren Südufer der Campingplatz **STRANDCAMPING SÜD** ❷ liegt. Östlich der Bucht erstreckt sich ein großes Moorgebiet, das erahnen lässt, wie groß Kärntens sechstgrößter See einmal gewesen ist. Ein 7 km langer Rundweg mit Schautafeln führt durch das etwa 50 ha große **KEUTSCHACHER MOOR**.

Wir sehen schon das Südwestufer des Sees, wo sich zwei FKK-Campingplätze befinden. Natürlich wird hier auch nackt gepaddelt und wir fühlen uns in unseren Shorts und Shirts beinahe etwas overdressed. Auf Höhe des FKK-Camping Turkwiese steuern wir auf die Seemitte zu. Dort gibt es eine Untiefe, wo das Wasser nur etwa 1,6 Meter tief ist. Bojen markieren die Überreste einer ca. 6.000 Jahre alten urgeschichtlichen **PFAHLBAUSIEDLUNG** 🏷, die Anfang des 4. Jahrtausends v. Chr. errichtet und 200 Jahre lang genutzt wurde. Die Untiefe ragte damals als kleine Insel aus dem Wasser. Forscher fanden an dieser Stelle frühe Zeugnisse der Metallverarbeitung, Bruchstücke von Geschirr und sogar Reste von Schmuck und Nahrung. **Die abgegrenzte Fläche darf auf keinen Fall befahren werden, da dies den weiteren Bestand der alten Dorfruine gefährden würde!** Bei absoluter Windstille und großer Sonneneinstrahlung kann man auch mit Abstand vom Board aus die Überreste gut erahnen. Ansonsten hat man am Natur-Erlebnis-Spielplatz im Familienstrandbad beim nahegelegenen **RAUSCHELESEE** die Möglichkeit, begehbare Häuser und Hütten, die nach dem Vorbild dieser Pfahlbausiedlung angelegt worden sind, zu bestaunen.

Wir paddeln wieder zum Ufer und dieses entlang bis zum freien Seezugang am ehemaligen Café Alt-Wien im Nordwesten – ebenfalls ein empfehlenswerter Tourenstartpunkt und eine feine Badestelle. Zurück am **EINSTIEG** ✹ kann man sich im **CAFÉ SUNSEIT'N** ❷ stärken. Wer es zünftiger mag, fährt nach der Tour zu **MOTHE'S BUSCHENSCHANK** ❷ in **PLESCHERKEN**. Uriger kann man kaum sitzen und die Jausen sind TOP . . . nur etwas Zeit muss man mitbringen.

FEISTRITZER STAUSEE

ANSPRUCH | EINKEHR

Eingebettet in die Carnica-Region Rosental zeigt sich die Drau entlang dieser Tour von ihrer gelassenen, ruhigen Seite. Der insgesamt acht Kilometer lange Stausee bietet eine Fülle an Touren und ist ein Paradies für Ornithologen, Fischer und Müßiggänger. Derzeit ist das Revier noch ein SUP-Geheimtipp.

WIND & WETTER

Die Strömung ist an diesem Abschnitt der Drau sehr gering, weshalb die Tour auch für weniger geübte Sportler gut geeignet ist. Je nach Strömungsgeschwindigkeit kann der Rückweg flussaufwärts aber doppelt so lange dauern. Thermische Winde sind ab Mittag bzw. Nachmittag verstärkt möglich, sodass man flussaufwärts mit leichtem Gegenwind rechnen muss. Wer die Möglichkeit dazu hat, sollte diese Tour mit einem Touring-Board fahren, damit der Krafteinsatz geringer ist.

BEFAHRUNGSREGELN

Der Stausee ist Lebensraum seltener Vögel und Amphibien und wir befahren ihn daher mit Respekt.

- Das Schilf sollte nur an den offensichtlich befahrbaren „Wegen" befahren werden.

- Lehmbänke sind weich und man kann leicht mit den Finnen hängen bleiben, daher auch hier genug Abstand halten.

- Die Schifffahrt hat überall entlang der Drau stets Vorrang gegenüber Wassersportlern.

ANFAHRT MIT DEM PKW

Von Klagenfurt die Rosentaler Straße B 91 nach Süden Richtung Lambichl und von dort weiter nach Ludmannsdorf nehmen. Dem Straßenverlauf weiter nach Franzendorf und schließlich nach Selkach folgen. Die Zikkurat-Drauwelle befindet sich an der Flusskrümmung südwestlich des Ortskernes.

PARKEN

An der Weggabelung zur Zikkurat-Drauwelle liegt ein kleiner, kostenfreier Parkplatz mit Platz für maximal vier PKWs. An der gegenüberliegenden Straßenseite beginnt das Hafenareal mit genügend Freiflächen zum Flottmachen der SUPs.

ANFAHRT MIT ÖPNV

Von Klagenfurt Hbf den Zug nach Weizelsdorf Bhf. nehmen (ca. 0:20 h), dann auf den ÖBB Postbus 5325 umsteigen und bis „Maria Elend im Rosental Ortsmitte" fahren. Von dort geht es jedoch nur zu Fuß (über die Brücke Selkach) oder Taxi die 3,8 km bis zur Drauwelle.

BADEN

Wer kühles Flusswasser gerne hat, findet Badestellen entlang beider Ufer. Das Wasser ist hier sogar etwas wärmer als auf anderen Etappen mit mehr Strömung. Achtung: Nicht zu weit vom Ufer entfernen, da auch kleine Strömungen große Wirkung zeigen können!

Der **NATURSCHWIMMTEICH** und die **WELLNESS-OASE** im Wahaha Paradise Resort sind eine schöne Alternative.

FEISTRITZER STAUSEE

SEHENSWERT

» Die **WALLFAHRTSKIRCHE MARIA ELEND** mit ihrem spätgotischen Flügelaltar wurde nach dem Jahr 1267 von den Ossiacher Benediktinern erbaut. Sie gedenkt der Flucht nach Ägypten, einer der Sieben Schmerzen Mariens.

» **ST. JAKOB IM ROSENTAL**: Die **PFARRKIRCHE** besticht durch ihre modernen Wandfresken des Künstlers Valentin Oman und erhebt sich auf einem dominanten Hügel über den Ort.

» **FEISTRITZ IM ROSENTAL**: Das bereits vor 1600 erbaute **KRAIGHER HAUS** beherbergt eine Galerie mit wechselnden Ausstellungen. Das Haus war in seiner langen Geschichte bereits Gasthaus, Tabaktrafik, Krämerei und seit dem Jahr 1870 Postamt, www.kraigherhaus.at

---

 EXTRA-TIPPS

» **WANDERUNG** durch die wilde **TSCHEPPASCHLUCHT** mit Wasserfällen von bis zu 25 Meter Höhe.

» Die **KARAWANKEN** im Süden der Drau bieten Wanderern und Bikern ein Eldorado an Möglichkeiten, www.berfex.at

» Fußball und Golf lassen sich bei **KICK2GETHER** in **ST. JOHANN IM ROSENTAL** zu Fußball-Golf kombinieren und bieten Wettkampf und Spaß für Jung und Alt auf 18 Bahnen. Kick-Billard und ein Kindesspielplatz runden das Angebot ab. Geöffnet Apr-Okt bei Schönwetter von 10-18 Uhr, www.kick2gether.com

TOUREN

1. RUNDTOUR DRAUWELLE – WAHAHA PARADISE

Von der Drauwelle geht es flussabwärts 3 km zum Wahaha Paradise Resort, danach dieselbe Strecke wieder zurück.
LÄNGE 6 km | **DAUER** 2 h

2. RUNDTOUR DRAUWELLE – HAFEN BEIM ROSENBACH / ST. JAKOB

Von der Drauwelle geht es 2 km flussaufwärts Richtung St. Jakob im Rosental. Dort mündet der Rosenbach in einen kleinen Hafen am Südufer der Drau.
LÄNGE 4 km | **DAUER** 1-1:30 h

3. RUNDTOUR WAHAHA PARADISE – KRAFTWERK FEISTRITZ

Dieser Rundkurs führt vom Wahaha Paradise Resort über die breiteste Zone des Stausees.
LÄNGE 6 km | **DAUER** 2 h

EIN- UND AUSSTIEG

● **ROUTE 1 + ROUTE 2** Bei der Zikkurat-Drauwelle in Selkach.
● **ROUTE 3** Am Hafen des Wahaha Paradise Resorts.

SUP-VERMIETUNG & GEFÜHRTE TOUREN

1 DRAU PADDELWEG
Mobiler SUP- & Kanu-Vermieter
Tel. +43 (0)463 203 23 01 00
www.draupaddelweg.com

2 SUP & SMILE KEUTSCHACHER SEE
Plaschischen 54, 9074 Keutschach a. See
Tel. +43 (0)650 673 39 45
www.supandsmile.at

EINKEHR

1 FRANCOBOLLO
Schulweg 59
9184 St. Jakob im Rosental
Tel. +43 (0)4253 88 88
www.francobollo.at
Tägl. ab 11 Uhr

KLASSIKER Steaks vom Feinsten und wahrscheinlich die beste Pizza der Region – aus dem Holzofen

2 GASTHAUS OGRIS
Ludmannsdorf 13
9072 Ludmannsdorf
Tel. +43 (0)4228 22 49
www.gasthaus-ogris.at
Jun-Aug Di-So 11.30-14 + 17.30-20.30
Sep-Mai Mi-So 11.30-14 + 18-20

KLASSIKER Hausgemachte Nudelvariationen und „Ogris Torten"

FEISTRITZER STAUSEE

3 GASTHAUS BODENBAUER

auch Übernachtung, Wandergebiet
Bodental 125, 9163 Bodental
Tel. +43 (0)4227 63 28

KLASSIKER Krosser Schweinsbraten – der Hammer. Gekochte „grüne Würste" – ein Genuss.

ROSENTALER REIGEN

Die 9 Wirte des Kulinarik-Verbunds verwöhnen ihre Gäste ganzjährig mit Spezialitäten aus der Honigküche, hausgemachten Nudelvariationen und Produkten aus eigener Herstellung.
www.rosentaler-reigen-wirte.at

ÜBERNACHTUNG

1 WAHAHA PARADISE RESORT
Feriendorf 1
9181 Feistritz im Rosental
Tel. +43(0)4228 377 33
www.wahaha-paradise.com

2 CAMPING JURITZ
Unterfeistritzerstr. 41
9181 Feistritz im Rosental
Tel. +43 (0)4228 21 15
www.camping-juritz.com

3 PENSION STAUSEE
Feistritz 17
9184 Sankt Jakob im Rosental
Tel. +43 (0)4253 85 94

ZWISCHEN JUNGFERNSPRUNG UND AUENLANDSCHAFT

1 Entlang dieser Strecke bietet die Drau Wassersportlern eine Fülle von Ein- und Ausstiegen an Bootsanlegestellen und anderen Zugängen in den Wald- und Aulandschaften entlang des Ufers. Wir fahren nach Selkach, um an der **ZIKKURAT-DRAUWELLE** in den längsten Fluss Kärntens einzusteigen. Ein echter Geheimtipp, denn gleich bei der Ankunft werden wir von einer kleinen Schafherde begrüßt, die hier im frei zugänglichen Gehege grast. Der von den Künstlern Hoke und Guerino künstlich angelegte Hafen windet sich spiralförmig wie eine Schnecke zum Fluss und beherbergt unzählige kleine Stege und Bootsanlegestellen. Aber zunächst steigen wir auf den sich keilförmig über den Hafen erhebenden Aussichtshügel und blicken begeistert über das Rosental. Die Künstler wollten damit neue Horizonte erkunden lassen und spielen mit diesem Werk mit den Perspektiven und Formen dieser weitläufigen Landschaft. So bekommen wir vorab eine Vorstellung der Tour entlang dieses gemächlich dahingleitenden Flussabschnittes.

Der Einstieg erweist sich als sehr angenehm, da das Wasser aufgrund der Stauung deutlich wärmer ist als noch etliche Kilometer flussaufwärts. Der geringe Wasserstand und der lehmige Boden zwingen uns, die Paddel nur leicht einzustechen, da sie sonst stecken bleiben würden. Aus diesem Grund fahren wir vom Hafen in direkter Linie zur Flussmitte und werden von der leichten Strömung aufgenommen. Der Stausee ist an dieser Stelle zwischen 200 und 400 Meter breit und bis auf einige Schwäne, Enten und Möwen sind wir alleine unterwegs. Die Naturgeräusche dieser herrlichen Fluss- und Auenlandschaft sind ein Genuss. Die Artenvielfalt in diesem Gebiet ist jedoch viel größer: etwa 20 Fischarten, Biber, Fischotter und sogar nordamerikanische Signalkrebse finden hier ihr Zuhause. Nicht selten hat man die Möglichkeit, Biber beim Sprung ins Wasser zu beobachten. Das ruhige Gewässer beschert uns ab und an morsche Baumstämme und allerlei anderes Geäst, welches wir genussvoll umfahren. In regelmäßigen Abständen fährt die Wasserpolizei auf und ab und sieht entlang des Stausees nach dem Rechten. Jedes Mal, wenn das Motorboot vorbeifährt und seine Wellen ins ruhige Wasser schlägt, nutzten wir dies und testen unsere Balance-Skills auf dem SUP. Wer hier ins Wasser fällt, muss seinem Board nicht weit nachschwimmen – die Strömung ist zu gering.

Nach 2 Kilometern Fahrt erhebt sich backbord vor uns ein markanter Felsen, den die Einheimischen Jungfernsprung nennen. Wir wissen, dass es nun nicht mehr weit zu unserem Umkehrpunkt ist, dem **WAHAHA PARADISE RESORT** ❶, das wir 1 km weiter erreichen. Dort legen wir am Steg der Freizeit- & Hotelanlage an und machen es uns auf der Terrasse des oberhalb gelegenen Panorama-Restaurants gemütlich. Auf dem weitläufigen Gelände gibt es ein breit gefächertes Sportangebot – auch für Tagesgäste – egal ob Wandern, Rad- oder Kanufahren, Tennisspielen, Schwimmen, Beachvolleyballspielen und einem 500 m² großen Wellnessbereich mit Naturschwimmteich, finnischer Sauna, Dampfbad und Saunarium, wo es sich leicht einen Tag verbummeln lässt. Wir genießen unsere kühlen Erfrischungsgetränke und erholen uns ein wenig, bevor es wieder retour geht.

Der Rückweg dauert dann aber doch etwas länger. Wir lassen es uns nicht nehmen, an einer Lehmbank zu stranden und von Board zu gehen. Prompt sinken wir fast knietief im weichen Boden ein und finden so perfekten Halt, um ein paar Schnappschüsse zu machen. Das Board verankern wir einfach mit den Finnen vorsichtig im Lehm und kühlen unsere Waden im klaren Drauwasser.

Zurück an der **ZIKKURAT-DRAUWELLE** 🔴 laden wir die Boards aufs Autodach und sind nach nicht einmal vier Kilometern im **„GASTHAUS - GOSTIŠČE - TRATTORIA OGRIS"** ❷ in **LUDMANNSDORF**. Dieses „Drei-Sprachen-Wirtshaus" hat sich der Slow-Food-Küche verschrieben – der Besuch ist ein Erlebnis!

 Wir sind „mächtig stolz", den ersten kurzen Abschnitt von Kärntens 8.000 Flusskilometern absolviert zu haben und planen neben dem Abschnitt zum Laufkraftwerk Feistritz (**ROUTE 3**) auch schon eine Tour, die flussaufwärts führt. Vorbei am Sportboothafen des Weilers **DRAGOSITSCHACH**, kämen wir in einen kleinen Hafen am Südufer der Drau, dort wo der **ROSENBACH** mündet. Sicherlich würden wir der **PFARRKIRCHE ST. JAKOB** mit ihren modernen Wandfresken des Künstlers Valentin Oman einen Besuch abstatten.

 Vom **WAHAHA PARADISE RESORT** erstreckt sich flussabwärts auf 2,5 km Länge und mit bis zu ungefähr 900 Meter Breite der breiteste Abschnitt des Stausees. Den Abschluss bildet das zwischen 1965 und 1968 erbaute **LAUFKRAFTWERK FEISTRITZ**. Es ist die fünfte von insgesamt zehn Staustufen entlang der Drau in Kärnten. Die Tatsache, dass man hier ganz alleine auf dem Wasser ist, macht diese Dimension so imposant. Wir haben uns schon längst entschieden wieder hierher zu kommen und diesen Teil des Stausees extra zu erkunden.

Nach der sechs Kilometer langen Runde machen wir auch noch einen Abstecher – eine halbstündige Autofahrt ins **BODENTAL**. Nur 500 Meter Fußweg vom „Gasthof Bodenbauer Podnar" liegt das **NATURDENKMAL „MEERAUGE"**, ein in der letzten Eiszeit durch einen Gletscher geschaffenes Toteisloch mit einem Teich in der Mitte, der durch einen Holzsteg erschlossen ist. Die türkise Färbung des glasklaren Wassers, dessen Grund von kahlen Baumstämmen bedeckt ist, wird durch Algen hervorgerufen. Und was soll man über den **GASTHOF BODENBAUER** 3 sagen? Echter Geheimtipp, bester Schweinsbraten ever, leckere Brettljause, preisgekrönter Zirbenschnaps – das urige Gasthaus in den Karawanken ist ein würdiger Schlusspunkt unserer SUP-Tour.

Wer lieber an einer geführten Tour teilnimmt, hat verschiedene Möglichkeiten. Beispielsweise bietet **SUP & SMILE** 2 in diesem Revier professionell geführte Touren inklusive Pause beim Wahaha Paradise Resort an. Der geprüfte SUP-Instructor Gernot weist Euch dabei auf die Eigenheiten der Tour und des Reviers ein und hat immer wieder lustige Anekdoten aus seiner langjährigen SUP-Laufban auf Lager. Ein weiterer Vorteil ist, dass die Boards von SUP & smile zur Verfügung gestellt werden. Enjoy the ride!

KLOPEINER SEE

ANSPRUCH | EINKEHR

Der einzige See Österreichs mit einer durchgehenden Seepromenade lädt ein zum Flanieren, Trainieren und Gustieren. Der wärmste Badesee Europas vereint Sport, Nightlife und Entspannung in einzigartiger Weise und punktet auch mit vielen Attraktionen abseits des bis zu 29°C warmen Wassers.

ANFAHRT MIT DEM PKW
Von Klagenfurt kommend auf der A 2 Richtung Wien bis Abfahrt Grafenstein (Ausfahrt 298, Klopeiner See). Erst Bundesstraße B 70, dann rechts der Teinacher Landesstraße Richtung Klopeiner See folgen und über Klopeiner Straße, Schul-, Westufer-, Süduferstraße bis zum Strandbad Süd fahren.

PARKEN
Am Südufer bieten sich an der Süduferstraße sowie der Südpromenade großzügige und meist kostenfreie Parkmöglichkeiten entlang der Straße.

ANFAHRT MIT ÖPNV
Von Klagenfurt Hbf mit dem Zug nach Völkermarkt-Kühnsdorf (Bahnhof). Dort von der Bahn auf den Bus umsteigen (Vorplatz des Bahnhofs) und mit der Linie 5410 bis nach St. Kanzian fahren.
Bequemer: Der „Bahnhof-Shuttle" (siehe Seite 6) bringt Euch inklusive Sportgerät direkt zur Unterkunft in die Region. Info: Tel. +43 (0)4242 420 00 24, www.bahnhofshuttle.at

WIND & WETTER
Der Klopeiner See ist ein sogenanntes „Leicht-Wind-Revier" mit optimalen Wetterbedingungen zum Paddeln. Überdurchschnittliche Sonnenscheindauer im Frühjahr sowie im Sommer und die windgeschützte Lage des Sees im Kärnter Becken führen zu hohen Luft- und Wassertemperaturen. Das Wasser kann im Hochsommer bis zu 29°C warm werden. Angenehme Brisen bieten zwischendurch leichte Abkühlung. Stürmisch wird es eher selten, aber es besteht eine leichte Strömung westwärts, die entsprechend beachtet werden sollte. Wer es herausfordernder mag, richtet sein SUP ostwärts aus und sticht gegen die Strömung in See.

BEFAHRUNGSREGELN
Für Surfer ist zu beachten, dass an Badetagen das Surfen in der Zeit von 11-16 Uhr nur ab einer Entfernung von 100 m vom Seeufer gestattet ist.
Für das Stand Up Paddeln gibt es keine festgesetzten Regeln.
Die Seerosenbestände entlang des Ufers dürfen nicht durchfahren werden.

BADEN
Schon ab Mai geht es los – das saubere, bis zu 29°C warme Wasser und zwölf öffentliche Strandbäder sowie ein riesiges Freizeitangebot machen den Klopeiner See zu einem Bade-Hotspot Kärntens. Weitere Infos: www.klopeinersee.at/waermster-badesee-europas

SEHENSWERT

» **UNTERBURG:** Die **KIRCHE AM GEORGIBERG** (1060-1070 erstmals urkundlich erwähnt) ist von Unterburg in etwa 25 Minuten Fußweg erklommen und bietet seinen Besuchern im Turm ein Wunschglöcklein, zu dem in früherer Zeit gerne Jungfrauen pilgerten. Dort läuteten sie das Glöcklein und beteten zum Heiligen Georg um Erfüllung ihres Wunsches nach einem Ehemann.

» **STEIN IM JAUNTAL:** Die dem Laurentius geweihte **PFARRKIRCHE** mit ihren mittelalterlichen Fresken thront mit den Resten einer Burg eindrucksvoll auf einem Felsen über dem Dorf.

Obir-Tropfsteinhöhlen

Fitness-Beach

EXTRA-TIPPS

» Das **SABLATNIGMOOR** mit Besucherzentrum Tomarkeusche am Tomerteich (Marktgemeinde Eberndorf) ist ein über 100 ha großes Naturschutzgebiet und kann auf einem **MOORRUNDWEG** besichtigt (Mai-Sep Di-Fr) werden. Führungen an anderen Tagen nach Vereinbarung möglich. Info: www.sablatnigmoor.at

» **SEE IN FLAMMEN** – Österreichs spektakulärstes Seefeuerwerk mit viel Musik, Kulinarik und 50.000 Besuchern findet stets Anfang Juli direkt am See statt.

» Wer nicht nur auf dem SUP seine Kalorien verbrennen möchte, sollte unbedingt am kostenlos zugänglichen **FITNESS-BEACH**, rechts neben dem Strandbad Süd, mit herrlichem Seeblick seine Muskeln stählen.

» Im Jul + Aug lädt das **STIFT EBERNDORF** zu d. **SÜDKÄRNTNER SOMMERSPIELEN** & zum alljährlichen **JAUNTALER SALAMIFEST**. www.eberndorf-info.at

» In **BAD EISENKAPPEL** kann man in die Faszination der **OBIR-TROPFSTEINHÖHLEN** einsteigen und die sagenhaften unterirdischen Wasser- und Gesteinswelten erleben, www.hoelen.at

TOUREN

1 **RUNDTOUR**
Gemütliche Tour rund um den nur 1,8 km langen See.
LÄNGE 3,7 km | **DAUER** 1 h

EIN- UND AUSSTIEG

Am Fitness-Beach rechts neben dem Strandbad Süd oder an allen anderen öffentlichen Bädern.

SUP-VERMIETUNG

1 **FUN SPORTS WUTTE**
IM STRANDBAD UNTERBURG
Ostuferstraße 36, 9122 Unterburg
Tel. +43 (0)664 140 87 47
www.wutte.at

2 **STRANDBAD SÜD**
Südpromenade 66
9122 Sankt Kanzian
Tel. +43 (0)676 919 90 01
Jun-Sep 8-20 Uhr

EINKEHR

1 **RESTAURANT SEEROSE**
Ostuferstraße 22, 9122 St. Kanzian
Tel. +43(0)4239 331 12 57
www.seerose-klopeinersee.at
Tägl. 11-23 Uhr

KLASSIKER Gebratenes Lachsforellen-Filet vom Poganitsch

2 **MOCHORITSCH ECK**
Westuferstraße 16, 9122 St. Kanzian
Tel. +43 (0)4239 202 78
www.mochoritsch.at
Mai-Sep tägl., wetterabhängig

KLASSIKER Wiener Schnitzel mit Erdäpfelsalat, die „Mocho-Tapas"

3 **LAKENIGHT BAR**
Seenweg 6, 9122 Sankt Kanzian
Tel. + 43 (0)664 341 74 07
Ende Apr-Mitte Sep tägl. 18-2 Uhr

KLASSIKER Sensationelle internationale Cockails!

4 **FISHERY STEFFAN**
Nicht am See, sondern an der Drau (auch Übernachtung, Zimmer & Hütten)
Seidendorf 1, 9122 Sankt Kanzian
Tel. +43 (0)4239 930 82
www.fishery-steffan.at
Tägl. 9-21 Uhr, außer dienstags

KLASSIKER Hervorragende Fischgerichte, aber auch die Burger und Steaks sind eine Wucht!

ÜBERNACHTUNG

❶ STRANDPENSION SEEJUWEL
Am See IX/1, 9122 Sankt Kanzian
Tel. +43 (0)699 103 732 10
www.pension-seejuwel.at
einige SUPs stehen den Hausgästen
gratis zur Verfügung

❷ FERIENZENTRUM SÜD KATSCHNIG
(Camping, Hotel)
Südpromenade 57, 9122 St. Kanzian
Tel. +43 (0)4239 23 22
www.feriensued.com

❸ HOTEL AMERIKA-HOLZER
Am See XI, 9122 Sankt Kanzian
Tel. +43 (0)4239 22 12
www.amerika-holzer.at

KLOPEINER SEE

KLEINER SEE MIT GROSSEM HERZ

Der Klopeiner See bietet eine einzigartige Kombination aus Party und Sport in familiärer Atmosphäre. Auf der Suche nach einer geeigneten Einstiegsstelle werden wir an der Südpromenade fündig. Gegenüber vom **STRANDBAD SÜD** mit **SUP-VERLEIH** liegt ein Parkplatz im Schatten der Bäume, genau das Richtige bei ca. 30°C Lufttemperatur. Da dieser bei weitem nicht ausgelastet ist, bleibt uns auch genug Platz zum Aufpumpen unserer Boards. Wir steigen jedoch nicht im Strandbad ein, sondern gehen rechts am **FITNESS-BEACH** vorbei und finden einige tolle Spots entlang der Seepromenade – übrigens die einzige durchgehende Seepromenade Österreichs.

Kaum im türkis-grünen Wasser, staunen wir nicht schlecht: Der Klopeiner See scheint wirklich der wärmste See Österreichs zu sein. Höchsttemperaturen von 29°C wurden schon gemessen – karibische Verhältnisse. Dies liegt daran, dass der See nur leicht durchströmt wird. Lediglich das Grundwasser und einige schwache Zuströme versorgen ihn mit Wasser. Der Abfluss am Westufer führt in die Drau und bewirkt am gesamten See nur eine geringe spürbare Strömung. Gerade hier, abseits der Strandbäder, ist das Wasser ruhig und ideal zum Start, da es auch kaum Schwimmer gibt, denen auszuweichen wäre.

Wir fahren ostwärts, den pittoresken alten Bootshäusern und Strandhütten entgegen, und wundern uns über die Vielfalt der Fortbewegungsmittel am kleinen See, wenngleich SUPs an diesem Tag deutlich in der Überzahl sind. Was sofort auffällt: die vielen SUP-Boards mit zwei Personen drauf. Einer paddelt vorne, der andere genießt dahinterliegend die Sonne.

An drei Seiten ist der See stark durch Stege der angrenzenden Pensionen und Strandbäder verbaut, was aber nicht weiter stört. Jedoch ist es ratsam, in sicherer Entfernung zu den Schwimmern zu bleiben. Surfer müssen einen Sicherheitsabstand von mindestens 100 m zum Ufer halten. Wir Stand-up-Paddler sollten dies auch tun, um auf dem kleinen See niemanden zu gefährden.

Vorbei geht es am Sprungturm vor dem **CAMPING NORD**. Drei unterschiedlich hohe Plattformen stehen jungen und jung gebliebenen Luftakrobaten zur Verfügung. Generell ist das nördliche Seeufer lebendiger und touristischer als das 800 Meter entfernte Südufer, zumal sich hier die meisten Unterkünfte, Bars und Lokale befinden. Im Jahre 1885 gab es lediglich vierzig Gästebetten im ganzen Umfeld des Sees. Vor allem für Gäste, die sich von Krankheiten und Operationen erholen mussten. In den 1920er Jahren wurden die ersten großen touristischen

Strandhotel Seewirt am Nordufer

Beherbergungsbetriebe eröffnet und der See etablierte sich bis heute zu einem attraktiven Urlaubsort mit vielfältigen Freizeitmöglichkeiten.

Der Blick landwärts ist abwechslungsreich und lädt ein, die verschiedenen Ecken des Sees zu erkunden. Vor oder nach der Paddeltour empfehlen wir einen Blick vom **AUSSICHTSPUNKT KLOPEINER SEE SÜD**, östlich des Strandbads an der Straße gelegen, über See und Landschaft. Besonders toll ist dieser Platz, wenn jährlich im Juli die Veranstaltung **„SEE IN FLAMMEN"** TIPP - Österreichs größtes und spektakulärstes Seefest - den ganzen See in eine Feuerwerks- und Lasershow verwandelt. Tausende Besucher genießen das kunterbunte Spektakel rund um den Klopeiner See mit Live-Musik und einer Kunst- und Genussmeile.

Es fällt schwer, angesichts der Vielzahl von Restaurants und Bars rund um den See sich auf eine Empfehlung festzulegen. Die Beliebtheit des Sees bringt es mit sich, dass in der Saison eine große Anzahl von Touristen „abgefertigt" werden muss. Wer in Seenähe bleiben will, kehrt vielleicht zum Essen mit Logenplatz am See im **RESTAURANT SEEROSE** 1 ein. Die leichte, regionale Küche ist von hoher Qualität. Wer eine 10-minütige Autofahrt nicht scheut, dem sei in **SEIDENDORF** die herrlich am Ufer der Drau gelegene **FISHERY STEFFAN** 4 zu empfehlen. Egal ob Saiblingscarpaccio oder das punktgenau gegrillte Steak - hier kann man nichts falsch machen!

DIE AUTOREN

CLAUDIA STEINER-SPERNOL entdeckte ihre Liebe zum Element Wasser schon sehr früh. Als Jugendliche war sie aktives Mitglied der Österreichischen Wasserrettung und half mit, die Kärntner Seen sicherer zu machen. Nun verbringt die Lehrerin ihre Ferien am liebsten paddelnd und fotografierend und schreibt dann über ihre Erfahrungen und Erlebnisse.

ANDREAS SPERNOL kam vor einigen Jahren zum Paddelsport. Nach anstrengenden Nachtdiensten als Arzt genießt er die Stille und Entspannung auf dem Board. Er ist immer auf der Suche nach neuen, noch unberührten Orten und Plätzen, die er dann fotografisch festhält – auch gerne in den kalten Jahreszeiten mit Trockenanzug.

PHILLIPP MOSER ist in Kärnten aufgewachsen und leidenschaftlicher Personal Trainer und Referent in Österreich. In seiner Freizeit widmet er sich dem Krafttraining, Stand Up Paddeling sowie dem Basketball und schreibt gerne Fachartikel und Bücher.

Weitere **SUP-GUIDES**

Aus der Reihe Kanu Kompakt

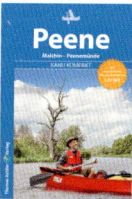

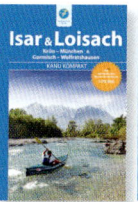
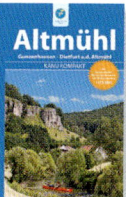

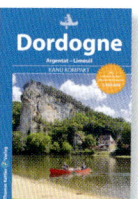
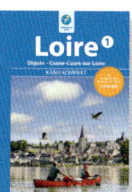

BÜCHER AUS DEM THOMAS KETTLER VERLAG

REGISTER

3-Seen-Tour (Wörthersee) *99*
3-Seen-Weg (Turracher Höhe) *47, 50*

A

Afritz am See *62*
Annenheim *70, 73*
Arndorf *99*

B

Bad Eisenkappel *141*
Bad Kleinkirchheim *54, 55*
Bahnhof-Shuttle *6*
Barbara-Weg *47*
Benediktinermarkt *117*
Bleistätter Moor *69, 74*
Bodensdorf *71, 74*
Bodental *135, 137*
Brahms-Weg *108*
Brennsee *62*
Burgarena Finkenstein *89*
Burg Landskron *69*
Burgruine Landskron *72*
Burgruine Reifnitz *125*
Burg Sommeregg *39*

D

Dellach *42*
Döbriach *39, 40, 42*
DrauPaddelweg *83*
Drauradweg *80*
Drauwelle *135*
Drei-Seen-Tour (Wörthersee) *99*
3-Seen-Weg (Turracher Höhe) *47, 50*
Drobollach *91*

150 REGISTER

E
Eberndorf *141*
Egg a. Faaker See *90, 92*

F
Faak am See *89, 91*
Faaker-See-Insel *94*
Falkert *55*
Falkertspitz *55, 59*
Feistritz im Rosental *133, 135*
Feld am See *62*
Finkenstein *89*
Finsterbach-Wasserfälle *69*
Fischeralm *21*
Forstsee-Rundweg *99*
Frög *125*

G
Gailtal *29, 31*
Gailtaler Alpen *24*
Gatschach *21*
Gerlitzen (Berg) *69*
Glanfurt *117*
Granatium *39*
Granattor *39, 43*

H
Heidi Alm *55*
Hermagor *31, 35*
Hermagorer Bodenalm *21*

J
Jauntal *141*

K
Kanzianiberg *89*
Kapuzinerinsel *113*
Kärnten Card *6*
Keltenwelt Frög *125*
Kerschdorf *103*
Keutschach am See *126*
Klagenfurt *107, 110, 116*
Kloster Stift Ossiach *69*
Kraftwerk Forstsee *99*
Krumpendorf *110, 113*

L
Laggerhof *43*
Lammersdorfer Hütte *39*
Landskron *69, 72*
Lendhafen *121*
Ludmannsdorf *134, 136*

M
Maiernigg *107, 111*
Maria Elend *133*
Maria-Loretto *111*
Maria Saal *103*
Maria Wörth *107, 112*
Millstatt *39, 40, 43*
Minimundus *120*
Mirnock *62, 65*

N
Nassfeld *31*
Naturdenkmal „Meerauge" *137*
Naturparkbus Weissensee *20*
Naturpark Dobratsch *80*
Neusach *21, 22, 25*
Nockalmstraße *47, 51*

O
Ossiach *69, 70, 75*
Ossiachberg *69*

Kanusport ist Autosport

Seit 50 Jahren fertigen wir das weltweit einzigartige Dachträgersystem aus Aluminium und Edelstahl bis 200 kg Tragkraft.
Damit transportieren Sie sicher und komfortabel Ihre Boote zu Ihren Traumgewässern.

Heinz Zölzer GmbH
Kanu - Outdoor - Autodachträger
Kupferdreher Str. 196, 45257 Essen
Tel.: 02 01 / 48 78 15
Fax: 02 01 / 48 27 80
www.zoelzer.de   info@zoelzer.de

5 Jahre Garantie
sicher - innovativ - langlebig

P

Paßriach *34*
Paterzipf *27*
Pesenthein *41, 42*
Pfahlbauten *125, 129*
Plaschischen *126, 128*
Plescherken *126, 129*
Pörtschach *110, 113*
Praditz *20, 23, 27*
Presseggen *32, 33*
Puch *80*
Pyramidenkogel *125, 128*

R

Radenthein *39, 40*
Rauchelesee *125*
Reifnitz *112*
Ronacherfels *25*
Rosegg *80, 125*
Rosental *133*

S

Sablatnigmoor *141*
Sagamundo *39*
Sattendorf *69, 73*
Sattnitz *117*
Schloss Möderndorf *31*
Schloss Porcia *39*
Schoberriegel *47*
Schwarzsee *50*
Seebach *72*
Seeboden *39, 40*
Seidendorf *147*
Silbersee *85*
Sommeregg *39*
Sonnenalpe Nassfeld *31*
Sonnenweg *62*
Spittal an der Drau *39*
St. Andrä *69, 72*
St. Bartlmä *99*
Steindorf *71, 74*
Stein im Jauntal *141*
Stift Eberndorf *141*
Stift Millstatt *39*
Stift Ossiach *69*
St. Jakob im Rosental *133, 134*
St. Johann im Rosental *133*
St. Kanzian *142*
St. Niklas *85*
St. Oswald *55*
St. Oswald Bach *55*

T

Taborhöhe *89*
Techelsberg *100*
Techendorf *21, 22, 24*
Tiffen *74*
Tscheppaschlucht *133*
Tscherniheim *21*
Obir-Tropfsteinhöhlen *141*
Turrach *47, 49*
Turracherhöhe *49*
Turracher Höhe *47, 50*

U

Unterburg *141, 142*
Untertweng *40*

V

Velden *100, 108, 110*
Viktring *107*
Villach *80, 82, 84*
Villa Siegel *112*

W

Wahaha Paradise Resort *137*
Wasserweg St. Oswald-Bach *55*
Winkl-Reichenau *51*

Z

Zauberwald *125*